TEMAS DE ESPAÑOL

COMUNICANDO, COMUNICANDO

Funciones comunicativas
en situaciones cotidianas

Marisol Rollán de Cabo
María Ruiz de Gauna Moreno

Coleción dirigida por: María José Gelabert Navarro

© Editorial Edinumen 1999
© Marisol Rollán de Cabo y María Ruiz de Gauna Moreno
© María José Gelabert Navarro

Editorial Edinumen
Piamonte, 7
28004 - Madrid
Tfs.: 91 308 22 55 - 91 308 51 42
Fax: 91 319 93 09
e-mail: edinumen@mail.ddnet.es
Web: http://www.ddnet.es/numen
I.S.B.N.: 84-89756-17-1
Depósito Legal: 33.489-1999
Diseño de cubierta: Antonio Arias Manjarín
Diseño y maquetación: Leticia Pérez
Imprime:
      Gráficas Glodami
      Coslada (Madrid)

Í N D I C E

CONTENIDOS GRAMATICALES	FUNCIONES COMUNICATIVAS	SITUACIONES
7. **Verbos impersonales** Página 25	• Iniciar una conversación	El ascensor
8. **Oraciones impersonales de Se + 3ª persona del singular** Página 27	• Pedir permiso a alguien • Conceder permiso a alguien • Denegar el permiso a alguien	Varias
9. **Imperativos (de ofecimiento)** Página 30	• Ofrecer algo a alguien • Aceptar un ofrecimiento • Rehusar un ofecimiento	El aperitivo
10. **Presente de Indicativo** Página 32	• Preguntar a alguien por sus preferencias • Expresar preferencias	El restaurante
11. **Doble sustitución de pronombre O.D. y O.I.** Página 35	• Intentar convencer a alguien	De compras
12. **Ir + a + Infinitivo** Página 38	• Decir que uno va a hacer algo • Decir que uno no va a hacer algo	La postal
13. **Verbo ponerse** Página 40	• Mantener un diálogo por teléfono	El teléfono
14. **Verbos: Quedar / quedarse** Página 43	• Solicitar una cita • Aceptar o conceder una cita • Rehusar o no conceder una cita	La agenda
15. **Imperativo: Tú / usted** Página 45	• Dar instrucciones a alguien	Lugares públicos y privados

CONTENIDOS GRAMATICALES	FUNCIONES COMUNICATIVAS	SITUACIONES
24. Pretérito indefinido / imperfecto Página 69	• Felicitar a alguien • Responder a los cumplidos y felicitaciones • Hacer un brindis	La fiesta de cumpleaños
25 Pretérito perfecto. Pretérito imperfecto/ pretérito indefinido Página 71	• Manifestar curiosidad por algo • Preguntar sobre lo ocurrido • Preguntar a alguien si está seguro de algo • Decir que uno está seguro de algo • Decir que uno no está seguro de algo	Los sucesos
26 Verbos: Recordar, acordarse de Interjección "pues" Contraste de pasados Página 73	• Preguntar a alguien si recuerda algo • Recordar algo • Ganar tiempo para pensar	El reencuentro
27 Futuro de probabilidad Oraciones independientes + presente de subjuntivo Página 75	• Expresar posibilidad o probabilidad • Esperar que ocurra algo	Los proyectos y avances científicos
28 Condicional de cortesía Página 77	• Solicitar algo de alguien	La tienda de fotos
29 Estilo indirecto Página 79	• Transmitir lo que ha dicho otro	Noticias
30 Subordinadas adverbiales temporales Página 82	• Prometer o jurar algo	Una despedida

FUNCIONES COMUNICATIVAS: Saludar. Presentar(se). Responder a una presentación. Preguntar a alguien cómo está. Manifestar cómo se encuentra.

LÉXICO: Referente a la identificación personal (nacionalidad, profesión) y a la familia (abuelo, padre, hijo...).

CONTENIDOS GRAMATICALES: Ser (=identificación). Estar (= encontrarse).

SALUDAR	PRESENTAR(SE)
¡Hola!	Te / le presento a (...)
¡Hola! ¿Qué tal?	Mira/e, éste es (...)!
¡Buenos días!	Aquí está (...)
¡Buenas tardes!	Soy (...) / Me llamo (...)
¿Cómo vamos?	Quiero presentarte / le a (...)
Buenas, ¿qué hay?	¿Conoce(s) a (...)?

RESPONDER A UNA PRESENTACIÓN	PREGUNTAR A ALGUIEN CÓMO SE ENCUENTRA	MANIFESTAR ALGUIEN CÓMO SE ENCUENTRA
¡Hola!	¿Cómo está(s)?	Bien, gracias
¡Mucho gusto!	¿Qué tal?	¡Estupendo!
¡Encantado!	¿Está(s) bien?	¡Fatal!
Encantado de conocerte / le	¿Qué cuentas?	Voy tirando
Encantado de saludarte	¿Cómo andas?	¡A medias!
No tenía el gusto de conocerte / le	¿Cómo te va la vida?	¡Como nunca!

SITUACIÓN: Erika llega a la familia española.

1. Lee:

◆ **Señora de la casa:** *¡Hola! ¡Buenas tardes!*

▲ **Erika:** ¡Hola! ¿Es usted la señora López?

◆ **Señora de la casa:** Sí, *soy yo. Me llamo* Elena. ¿Y tú?, ¿eres Erika Coelho?

▲ **Erika:** Sí, *soy* Erika, de Brasil. *Soy* estudiante de español.

◆ **Señora de la casa:** *¡Encantada!*

▲ **Erika:** *¡Mucho gusto!*

◆ **Señora de la casa:** *Mira, te presento a* la abuela Antonia, a mi marido Íñigo y *ésta es* mi hija Paula.

▲ **Erika:** *¡Hola! ¿Qué tal? Encantada de conocerles.*

● **Resto de familia:** *¡Hola! ¿Cómo estás?*

▲ **Erika:** *Muy bien, gracias.*

2. Erika llega a la casa de Michelle, una compañera de estudios. Intenta completar el diálogo.

Michelle: _____

(SALUDA)

Erika: _____

(SALUDA) (PREGUNTA CÓMO SE ENCUENTRA)

Michelle: _____

(CONTESTA CÓMO SE ENCUENTRA)

_____

(PRESENTA A TERESA A LA SEÑORA DE TU CASA)

Señora: _____

(REACCIONA ANTE LA PRESENTACIÓN)

Erika: _____

(REACCIONA TAMBIÉN ANTE LA PRESENTACIÓN)

3. Representa con tu compañero las siguientes situaciones:

SITUACIÓN 1 - ALUMNO A

Eres un estudiante de español y a tu familia llega un nuevo compañero. Salúdale, preséntate, pregúntale cómo se encuentra y preséntalo al resto de la familia.

SITUACIÓN 1 - ALUMNO B

Eres un nuevo estudiante de español. Saluda, preséntate, di cómo te encuentras, responde a la presentación y reacciona ante las preguntas que te formula tu compañero de piso.

SITUACIÓN 2 - ALUMNO A

Estás en una fiesta de amigos españoles. Saluda a un(a) amigo/a, pregúntale cómo se encuentra y responde a la presentación que te hace de un(a) chico (a) español(a).

SITUACIÓN 2 - ALUMNO B

Estás en una fiesta y eres un(a) amigo/a. español(a) de A. Salúdalo/la, di cómo te encuentras y preséntale a un(a) chico/a español(a).

SITUACIÓN 3 - ALUMNO A

Estás en una recepción de trabajo. Saluda a un cliente, pregunta cómo se encuentra, y reacciona ante la presentación de su compañero de trabajo.

SITUACIÓN 3 - ALUMNO B

Estás en una recepción de trabajo. Saluda, di cómo te encuentras y responde a la presentación que te hacen del compañero de trabajo de un cliente.

FUNCIONES COMUNICATIVAS: Expresar satisfacción o complacencia. Expresar admiración. Expresar sorpresa.
LÉXICO: Referente a las habitaciones, muebles y objetos de casa.
CONTENIDOS GRAMATICALES: Ser (descripción física). Estar (localización). Hay (existencia). Preposiciones y adverbios de lugar. Demostrativos.

EXPRESAR SATISFACCIÓN O COMPLACENCIA	EXPRESAR ADMIRACIÓN	EXPRESAR SORPRESA
¡Estupendo!	¡Oh!	¡Oh,...!
¡Fantástico!	¡Qué (...)!	¡Mira!
¡Qué bien!	¡Qué maravilla!	¡¿De verdad?!
¡Muy bien!	¡No es posible!	¿En serio?
¡Fenomenal!	¡Es admirable!	¡No me lo puedo creer!
¡Cómo me gusta!	¡Qué bien!	¡¿Cómo!?

SITUACIÓN: Julia está buscando habitación y queda con la Sra. González para verla.

1. Lee:

- **Sra. González:** Julia, te voy a enseñar la casa.
- ▲ **Julia:** *¡Qué bien!*
- **Sra. González:** Ésta es tu habitación. Está al lado del cuarto de baño. Es muy tranquila. En el armario hay varios cajones para poner todas tus cosas.
- ▲ **Julia:** *¡Oh, qué bonita!* Me gustan mucho las habitaciones con vistas a un jardín.
- **Sra. González:** *¡Estupendo!* Aquí está el cuarto de baño. En el armario de la derecha hay toallas y gel de baño y en el segundo cajón jabón, una esponja y pasta de dientes
- ▲ **Julia:** *¡Muy bien!*
- **Sra. González:** Mira, la cocina. Es muy grande y puedes desayunar aquí con comodidad. En esa estantería hay platos y vasos y en el tercer cajón están los tenedores, los cuchillos y las cucharas.
- ▲ **Julia:** *¡Fenomenal!*

2. Peter ha comprado un apartamento y ha contratado a un decorador para situar todas sus cosas. Tiene un plano y le está enseñando cómo están distribuidas todas las cosas. Tú cuando lo ves reaccionas.

el espejo	el sillón / la silla	la estantería	el sofá
las mesillas	la alfombra	el armario	la cama
la mesa	las toallas	las cortinas	el edredón
la nevera	la manta	la lavadora	la almohada
los cuadros	el salón	el cuarto de estar	la cocina
el dormitorio	el baño	la terraza	el recibidor

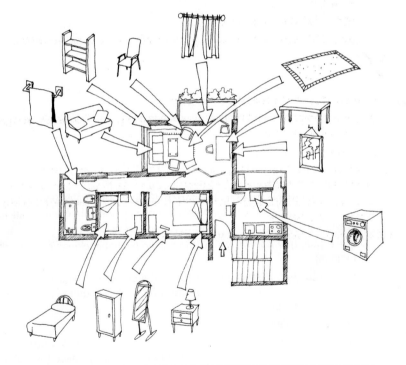

en (encima de) / sobre / encima de / debajo de / al lado de / junto a / detrás de / delante de / entre / en (dentro de) / dentro de / fuera de

A: Eres el decorador que explica el plano a Peter.

B: Eres Peter y reaccionas ante todo lo que te explica el decorador. ¡No olvides usar las expresiones de satisfacción, admiración y sorpresa!

A: – El sofá y el sillón en el salón, al lado de la puerta.

B: – ¡Estupendo!

A: – Esta estantería la ponemos en el cuarto de estar, encima de ese sofá.

B: – ¡Muy bien!

A: – Hay una mesa igual que la que está en el despacho del Ministro de Hacienda.

B: – ¿En serio? ¡No me lo puedo creer!

A: – ¡Mira! Este espejo lo colocamos en el pasillo, debajo de esa repisa.

B: – ...

3. Reacciona ante estas situaciones:

1. Estás en el Zoo de Madrid, ves algo que te llama la atención y quieres que tu amigo también lo vea...

2. ¿Quieres ir al cine esta tarde?...

3. Tu amigo te cuenta que se encuentra todos los días cuando va a la escuela a un amigo al que hace mucho tiempo que no ve, tú no lo puedes creer...

4. Estás en el Palacio Real de Madrid y ves una lámpara muy bonita y te quedas muy sorprendido...

5. Un vecino te cuenta una historia y te parece imposible de creer...

FUNCIONES COMUNICATIVAS: Preguntar si uno está obligado a hacer algo. Estar obligado a hacer algo. Decir a alguien que está obligado a hacer algo.

LÉXICO: Referente a profesiones.

CONTENIDOS GRAMATICALES: Tener que + infinitivo. Verbos reflexivos.

PREGUNTAR SI UNO ESTÁ OBLIGADO A HACER ALGO	ESTAR OBLIGADO A HACER ALGO	DECIR A ALGUIEN QUE ESTÁ OBLIGADO A HACER ALGO
¿Tengo que + **infinitivo**? ¿He de + **infinitivo**? ¿Debo + **infinitivo**? ¿Tengo la obligación de + **infinitivo**? ¿Tendría que + **infinitivo**? ¿Debería + **infinitivo**?	Tengo que + **infinitivo** Debo + **infinitivo** He de + **infinitivo** (...) me obliga a + **infinitivo** Debería + **infinitivo** Tendría que + **infinitivo**	Tienes que + **infinitivo** **Infinitivo** + es tu obligación Debes + **infinitivo** Has de + **infinitivo** Tienes la obligación de + **infinitivo** Creo que debes + infinitivo.

SITUACIÓN: Verenia está en la clase de español.

1. Lee:

- ● **Profesor:** ¿Qué haces a diario?

- ▲ **Verenia:** Por la mañana me levanto a las siete y media. Después entro en el baño porque en la casa donde vivo hay muchas personas y *tengo que* darme mucha prisa. Me ducho y voy a la cocina para desayunar.

- ● **Profesor:** ¿*Debes* prepararte el desayuno tú, o lo hace la señora?

- ▲ **Verenia:** No, *tengo que* preparármelo yo. Bueno, cuando termino me visto y vuelvo al cuarto de baño para lavarme los dientes. Como tengo que venir a la escuela en dos autobuses, *me obliga* a salir una hora antes de casa.

- ● **Profesor:** ¿*Tienes que* coger dos autobuses?

- ▲ **Verenia:** Sí. Estoy en la escuela toda la mañana y a mediodía voy a comer con mis compañeros a un restaurante. Cuando terminamos, suelo volver a casa para hacer los deberes. Por la noche *he de* estar con la familia para cenar, normalmente a las nueve. Siempre charlamos un rato antes de levantarnos de la mesa. Hay veces que salgo con mis amigos y otras que me acuesto.

2. Julia quiere apuntarse a un gimnasio. Tiene la información de todo lo que debe hacer pero no lo entiende muy bien. ¿Puedes ayudarla?

✔ llevar dos fotografías de carné

✔ rellenar el formulario

✔ pagar 31 euros de matrícula

✔ vestirse con ropa y calzado deportivos

✔ hacerse un reconocimiento médico

✔ alquilar una taquilla para dejar sus pertenencias

✔ ponerse en contacto con el monitor

✔ elegir horario

- Julia, tienes que_____

- Debes _____

3. Divide la clase en parejas. Uno de los dos miembros debe seleccionar una profesión de las que aparecen en los dibujos. El compañero tiene que adivinar qué profesión es. Aquí tienes algunas preguntas que pueden ayudarte.

- ¿Tiene que levantarse pronto por la mañana?

- ¿Debe llevar uniforme?

- ¿Tiene la obligación de viajar?

- ¿Es obligatorio para esta profesión ir a la Universidad?

- ...

FUNCIONES COMUNICATIVAS: Preguntar sobre gustos y aficiones. Expresar gustos y aficiones. Expresar lo que a uno no le gusta.
LÉXICO: Referente al ocio y tiempo libre.
CONTENIDOS GRAMATICALES: Gustar. Encantar. Parecer. Interesar. Divertir.

PREGUNTAR SOBRE GUSTOS Y AFICIONES	EXPRESAR GUSTOS Y AFICIONES	EXPRESAR LO QUE A UNO NO LE GUSTA
¿Te / Le gusta (...)+ **infinitivo o sustantivo?**	Me gusta(...) + **infinitivo o sustantivo**.	No me gusta (...) + **infinitivo o sustantivo**.
¿Qué te / le parece (...)?	**Infinitivo o sustantivo** + me gusta mucho.	**Infinitivo o sustantivo** + no me gusta nada.
¿Eres / Es aficionado a (...)?	Me encanta (...) + **infinitivo o sustantivo**.	¡Dios mío, qué horror!
¿Cuáles son tus / sus aficiones?	Soy (muy) aficionado a (...)	No soporto + **infinitivo o sustantivo**.
Dime / Dígame, ¿qué es lo que más te / le gusta?	(...) me vuelve loco.	Lo que menos me gusta es+ **infinitivo o sustantivo**.
¿Te / Le divierte (...) + **infinitivo o sustantivo?**	**Infinitivo o sustantivo** + es una de mis aficiones preferidas.	(...) no es para mí.

SITUACIÓN: Ellen está haciendo intercambio de español - inglés con Raquel.

1. Lee:

- **Raquel:** Ellen, *¿cuáles son tus aficiones?*
- ▲ **Ellen:** Tengo muchas.
- **Raquel:** ¿*Te gusta* ir al cine?
- ▲ **Ellen:** Sí y sobre todo *me vuelven loca* las películas españolas.
- **Raquel:** *¿Qué te parece* Almodóvar?
- ▲ **Ellen:** *No me gusta* mucho este director. Y a ti *¿qué es lo que más te gusta?*
- **Raquel:** Leer, y sobre todo, *me encanta* ir a bailar sevillanas con mis amigos. Y a ti ¿*te gusta* bailar?
- ▲ **Ellen:** No, pero *soy aficionada* a los conciertos. También, *me gusta* ir al campo.

- **Raquel:** El campo *no es para mí.* ¿Y qué opinas de las corridas de toros?
- **Ellen:** *¡Dios mío, qué horror! No las soporto,* pero seguro que podemos hacer muchas otras cosas juntas.

2. **Cuestionario. Haz una encuesta entre todos los compañeros de la clase para ver qué gustos tenéis en común. En la primera columna marca tus gustos y en el resto, el de tus compañeros teniendo en cuenta cada uno de los símbolos.**

	Tú					
Hacer deporte						
Ir de compras						
Viajar						
Las discotecas						
Ir al cine o teatro						
Leer libros						
Ver la televisión						
Salir con los amigos						
Cocinar						
Otros						

1. A _____ le encanta _____: ■
2. A _____ le gusta _____: ●
3. . _____ es aficionada-o a _____: ➡
4. A _____ no le gusta _____: ◆
5. . _____ no soporta _____: ✔

3. **Juego de rol. Se reparten tres cartulinas a cada estudiante donde escribirán el nombre de tres personajes muy famosos. Se coloca una cartulina en la espalda de cada estudiante. El juego consistirá en adivinar qué personaje es. Los compañeros deben dar pistas diciendo lo que a ese personaje le gusta hacer. El ganador será el que mayor número de tarjetas adivine.**

(Tienes que usar las funciones que aparecen en el cuadro del principio de la unidad)

FUNCIÓN COMUNICATIVA: Querer algo.

LÉXICO: Referente a objetos de papelería , estanco y comida.

CONTENIDOS GRAMATICALES: Pronombres personales de objeto directo e indirecto.

QUERER ALGO

Quiero (...).

Necesito (...).

¿Por qué no puedo (...)?

Querría (...).

¿Podría (...)?

SITUACIÓN: Liliana está en el estanco.

1. Lee:

- **Liliana:** ¡Buenos días!
- **Dependiente:** ¡Buenos días!
- **Liliana:** *Quiero* dos sobres y tres sellos para Brasil.
- **Dependiente:** Aquí tiene. ¿Necesita algo más?
- **Liliana:** Sí. *Necesito* una tarjeta de 12 euros para el teléfono, y ¿*podría* darme un impreso para solicitar el abono transporte?
- **Dependiente:** Lo puede rellenar ahora y dentro de una semana lo tiene.
- **Liliana:** ¿Por qué no puedo tenerlo mañana?
- **Dependiente:** Porque los trámites llevan una semana.
- **Liliana:** De acuerdo. ¿Cuánto es todo?
- **Dependiente:** Son 15 euros.
- **Liliana:** Gracias.

2. La secretaria de la oficina de la escuela necesita material de papelería. No puede salir a comprarlo y llama por teléfono a la tienda para que se lo traigan a la oficina. Completa el siguiente diálogo con la información que tienes en el cuadro:

✔ carpeta	✔ clips	✔ cuaderno
✔ rotulador	✔ grapadora	✔ estuche
✔ clasificador	✔ folios	✔ regla
✔ goma	✔ líquido corrector	
✔ lápiz	✔ bolígrafo	

- Papelería Ortiz, Buenas tardes.
▲ *Buenas tardes. Necesito* _____.
- Muy bien, dígame.
▲ *Quiero* _____.
- ¿Los quiere de rayas o de cuadros?
▲ *Los quiero* _____.
  ¿Cuánto es el total?
- Son 90 euros.
▲ *¿Podría* _____?
- No hay ningún problema. Esta tarde lo tendrá en la oficina con la factura a nombre de la empresa.

3. Ahora tú. Estás en tu casa con unos amigos. Tenéis un folleto de una pizzería. Llamas por teléfono para hacer el pedido del menú completo, teniendo en cuenta que tenéis que elegir los ingredientes que más os gustan para crear vuestra propia pizza.

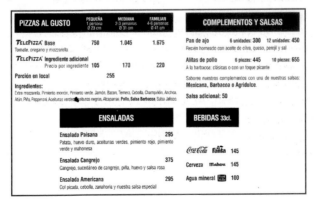

FUNCIONES COMUNICATIVAS: Pedir información. Decir que uno está informado de algo. No saber responder a lo que se pregunta.
LÉXICO: Referente a lugares públicos de la ciudad (estación de autobuses, boca de metro...)
CONTENIDO GRAMATICAL: Presente de Indicativo de los verbos: *"saber"*, *"enterarse"* y *"poder+infinitivo"*.

PEDIR INFORMACIÓN	DECIR QUE UNO ESTÁ INFORMADO DE ALGO	NO SABER RESPONDER A LO QUE SE PREGUNTA
Perdone/a ¿sabe(s) (...)? ¿Puede(s) decirme (...)? Por favor, necesito información de (...) ¿Tiene(s) alguna idea de (...)? Me interesaría saber (...) A ver si puede(s) decirme (...)	Me he enterado de que + (ind.) Tengo entendido que + (ind.) Sí, ya sé que (+ind.) Sí, sí ya lo sé. Ésa es la información que tengo. Lo sabemos de buena fuente.	No lo sé. Lo siento, pero no lo sé. Lo siento, pero es que no sé nada. ¡Ni idea! Lo ignoro. Lamento decirte/le que no lo sé.

SITUACIÓN: Rachel pide información a la señora de la casa.

1. Lee:

- **Rachel:** ¿*Puede decirme* a qué hora está libre el baño por las mañanas?
- ▲ **Señora de la casa:** De 8 a 8,30 siempre está libre.
- **Rachel:** *Por favor*, también *necesito información* de dónde está la escuela de español. ¿*Sabe* usted si está muy lejos?
- ▲ **Señora de la casa:** En metro se tarda 20 minutos. Aquí cerca debajo de casa hay una boca de metro.
- **Rachel:** ¿*Sabe* cuánto cuesta el abono de transportes?
- ▲ **Señora de la casa:** *Ni idea. No lo sé* porque sólo viajo en autobús, pero en la taquilla del metro te pueden informar.
- **Rachel:** *Me he enterado de que* en la casa hay otro estudiante ¿verdad?
- ▲ **Señora de la casa:** Sí. Es español y estudia en la Universidad.
- **Rachel:** ¡Ah! y creo que sólo tengo que hacerme la cama.
- ▲ **Señora de la casa:** Sí, sí. Únicamente, de lo demás me ocupo yo.

2. **Joseph es un estudiante que está en la taquilla del metro. Completa el diálogo que mantiene con el empleado de la misma.**

◆ **Joseph:** _____
(SALUDO)

■ **Empleado:** ¡Buenos días!

◆ **Joseph:** _____
(PIDE INFORMACIÓN SOBRE UNA LÍNEA QUE VA HASTA LA ESTACIÓN DE
METRO DE SAN BERNARDO)

■ **Empleado:** Sí. Tiene una línea que va hasta la estación de San Bernardo.
Gire a la izquierda y ahí está el andén. Son desde aquí 3 paradas.

◆ **Joseph:** _____

(COMPRUEBA UNA INFORMACIÓN SOBRE EL USO DEL METROBÚS
TAMBIÉN PARA VIAJAR EN AUTOBÚS)

■ **Empleado:** Sí, sí. Este metrobús también sirve para montar en autobús.

◆ **Joseph:** _____

(PIDE INFORMACIÓN SOBRE LA CALLE BALTASAR GRACIÁN)

■ **Empleado:** ¡Ni idea! Lamento decirle que **no sé** dónde está la calle Baltasar Gracián.

3. **Observa el panel de horarios de la estación de autobuses y la información sobre los precios de los viajes.**

HORARIOS

AUTOBUSES		IDA	
Madrid a...	GRANADA	s: 8.00-13.00-19.00	II: 15.00-20.00-02.00
	LISBOA	s: 9.00-23.00	II: 16.30-05.30
	SALAMANCA	s: 9.00-19.00	II: 12.00-22.00
	SEGOVIA	s: 9.00-12.00-19.00	II: 11.00-14.00-21.00

PRECIOS

	SENCILLO	IDA/VUELTA
GRANADA	16 euros	30 euros
LISBOA	28 euros	55 euros
SALAMANCA	10 euros	19 euros
SEGOVIA	5 euros	10 euros

En parejas, representad la siguiente situación. No olvidéis usar expresiones como:

■ Perdone, ¿sabe usted (dónde/a qué hora/cuánto/cómo/si...)?

■ Me he enterado de que (...)

▲ Lo siento, pero no lo sé.

ALUMNO A

Pide información en la estación de autobuses para viajar a Lisboa. Comprueba si la información que tienes de la hora y del precio del billete es correcta. Pregunta también si al llegar hay una parada de metro cerca.

ALUMNO B

Eres un empleado de las taquillas en la estación de autobuses. Contesta a las preguntas que te hacen y recuerda que no siempre tienes toda la información que te solicitan.

FUNCIÓN COMUNICATIVA: Iniciar una conversación.

LÉXICO: Referente al tiempo atmosférico y otros.

CONTENIDOS GRAMATICALES: Verbos impersonales. Presente del verbo "parecer".

INICIAR UNA CONVERSACIÓN

. ¡Hola! ¿Qué tal?

¡Qué calor!

¡Qué frío!

¡Qué tiempo hace!

Parece que va a llover

¿Sabes que (...)?*

¿Tienes fuego? (frase interrogativa que sirve de pretexto para iniciar una conversación)

SITUACIÓN: Darren se encuentra con un vecino en el ascensor.

1. **Lee:**

- **Vecino:** *¡Hola! ¿Qué tal?*
- **Darren:** Bien. ¿A qué piso vas?
- **Vecino:** Al quinto.

 (...)

- **Vecino:** *¡Qué frío hace hoy!*
- **Darren:** Sí, y además *parece que va a llover.*
- **Vecino:** ¡Vaya "mesecito"!
- **Darren:** Es verdad.

 (...)

- **Vecino:** Bueno, hasta luego.
- **Darren:** Hasta luego.

2. Completa los siguientes diálogos con las expresiones del recuadro.

> Parece que (...) ● ¿Tienes fuego? ● Hace ● ¿Qué tal?
> ● Va a llover ● Calor ● ¿Sabes que (...)?

SITUACIÓN 1 (En el tren de cercanías)

Peter: ¡Hola! _____

Anne: ¡Hola!

Peter: ¡Qué frío _____!

Anne: Sí, muchísimo. ¿_____ mañana van a bajar las temperaturas?

Peter: Sí, _____ va a nevar.

SITUACIÓN 2 (En una discoteca)

Un ligón: ¡Hola! ¿_____?

Lorena: No, no fumo.

Un ligón: Tu cara me suena.

Lorena: Pues a mí, la tuya no.

SITUACIÓN 3 (En un taxi)

Taxista: Buenas tardes.

Fiona: Buenas tardes. ¿Puede llevarme a la calle Princesa nº 26? (...)

Taxista: ¡Qué _____ hace hoy! ¿Verdad?

Fiona: Sí, hace bochorno. Parece que _____

3. En parejas. Estás en una discoteca con unos amigos. Sientes una atracción irresistible por un chico/a. Te acercas a él/ella e intentas iniciar una conversación.

Representad delante de vuestros compañeros la situación y entre todos tenéis que decidir cuál es la más divertida.

FUNCIONES COMUNICATIVAS: Pedir permiso a alguien. Conceder permiso a alguien. Denegar el permiso a alguien.
LÉXICO: Referente a normas sociales y leyes.
CONTENIDOS GRAMATICALES: Oraciones impersonales con Se + 3ª persona. Condicional.

PEDIR PERMISO A ALGUIEN	CONCEDER PERMISO A ALGUIEN	DENEGAR EL PERMISO A ALGUIEN
¿Puedo + infinitivo?	Sí, claro.	¡No!
¿Se puede + infinitivo?	Vale.	No, no está permitido.
¿Está permitido +infinitivo?	Sí, por supuesto.	¡Ni hablar!
¿Me permite + infinitivo?	¡Sí, hombre, sí!	Te / Se lo prohíbo.
¿Podría + infinitivo?	Sí, ¡cómo no!	No te / le dejo.
¿Te / Le molesta que + subj.?	Sí, está permitido.	No, es que +indicativo.

DIÁLOGO 1 En clase

Walker: ¡Qué calor hace! ¿**Puedo** abrir la ventana?
Francis: *Sí, claro.*

DIÁLOGO 2 En casa

Hijo: Papá, esta noche quiero ir con mis amigos a una discoteca fuera de Madrid. ¿**Podría** coger la moto?
Papá: *¡Ni hablar!* Es muy peligroso.

DIÁLOGO 3 En un restaurante

Tobías: ¿**Está permitido** fumar aquí?
Camarero: *No, es que* ésta es la zona de no fumadores.

DIÁLOGO 4 En la calle con un policía

Joshua: Por favor, ¿*se puede* aparcar aquí?
Policía: *No, no está permitido.*

DIÁLOGO 5 Cliente en una agencia de viajes

Cliente: Por favor, ¿*podría* llamar a casa para confirmar la fecha?
Empleado: *Sí, ¡cómo no!*

2. ¿Se puede o no se puede? Completa.

EN ESPAÑA...	¿Y EN TU PAÍS...?	
	Sí está permitido	No está permitido
No se puede comer en clase.		
Se puede tratar de tú a los profesores.		
Se puede fumar en la mayoría de los lugares públicos.		
Se puede conducir a partir de los 18 años.		
No se puede hacer ruido entre las 12 de la noche y las 7 de la mañana.		
Se pueden tomar todo tipo de bebidas en la calle.		
Se puede conducir a 120 km / hora.		
No se pueden servir bebidas alcohólicas a menores de 16 años.		
No se puede circular sin cinturón de seguridad.		
Se pueden visitar gratis los Museos los domingos.		

3. Aquí tienes tarjetas de diferentes lugares públicos. Por turnos, un estudiante levanta una tarjeta sin enseñarla a sus compañeros. Éstos le preguntan: ¿*Se puede ... / No se puede ...*? **El alumno que acierte de qué lugar público se trata, levanta la siguiente tarjeta.**

FUNCIONES COMUNICATIVAS: Ofrecer algo a alguien. Aceptar un ofrecimiento. Rehusar un ofrecimiento.

LÉXICO: Referente a comidas (refrescos, aperitivos,...).

CONTENIDO GRAMATICAL: Imperativos (de ofrecimiento).

OFRECER ALGO A ALGUIEN	ACEPTAR UN OFRECIMIENTO ALGUIEN	REHUSAR UN OFRECIMIENTO
¿Quiere(s) (...)? Coge, coge /Coja, coja. Tome, tome / Toma, toma. Te / Le ofrezco (...) Quiero ofrecerte/le (...) ¿Te/Le apetece (...)?	Sí. Gracias. No, gracias. Encantado/a. Gracias por su/tu ofrecimiento.	¡No! Gracias. No, gracias. Lo siento, es que (+ind.) Gracias por tu/su ofrecimiento (...) No puedo aceptarlo, gracias.

SITUACIÓN Jane toma un aperitivo en la familia.

1. **Lee:**

- **Jane:** ¡Buenas tardes!
- ▲ **Señora:** ¡Hola! ¿Qué tal en clase?
- **Jane:** Muy bien, pero ¡Uf! ¡Qué cansada estoy!
- ▲ **Señora:** ¿*Quieres* tomar algo de merienda?
- **Jane:** *Sí, gracias.*
- ▲ **Señora:** ¿*Te apetece* un café con leche?
- **Jane:** *No, gracias, es que* no me gusta el café. Prefiero un té con leche.
- ▲ **Señora:** De acuerdo. ¡Ah! Aquí tienes bizcocho. *Coge, coge* un buen trozo.
- **Jane:** *Gracias.*

2. Completa el siguiente diálogo con las palabras del recuadro:

> ✔ Coge, coge.　　✔ Quieres...
>
> ✔ Si, gracias.　　✔ No, gracias.

▲ **Señora:** ¿_____ tomar algo? ¿Un café con leche? ¿Un refresco?
¿Algo de comer?

◆ **Estudiante:** ___, _____. Un refresco de naranja o limón.

▲ **Señora:** Aquí tienes. _____, _____ también un trozo de queso.

◆ **Estudiante:** _____ _____. Sólo tengo sed; es que acabo de tomarme un bocadillo de jamón.

3. En parejas. Leed la lista de aperitivos, raciones o pinchos. Luego representad las siguientes situaciones según el modelo.

un café solo.	un refresco.
un café cortado.	unas patatas fritas.
un café con leche.	unas aceitunas.
un té con leche.	un trozo de queso.
un té con limón.	unos tacos de jamón.
un trozo de tarta de manzana.	unos tacos de chorizo.
una cerveza.	un vaso de vino.
un trozo de bizcocho.	

Ejemplo　● ¿Quieres un té con limón...?
　　　　　　■ Sí, gracias.
　　　　　　▲ No, gracias. Lo siento, pero no me gusta.

SITUACIÓN 1 - ALUMNO A

Un compañero tuyo te hace una visita en casa. Ofrécele algo para tomar.

SITUACIÓN 1 - ALUMNO B

Visitas a un amigo en su casa. Acepta la bebida, pero rechaza la comida y excúsate.

SITUACIÓN 2 - ALUMNO A

Es domingo por la mañana y vas a un bar con un amigo para tomar un aperitivo. Ofrécele algo de beber y de comer.

SITUACIÓN 2- ALUMNO B

Acompañas a un amigo a un bar, pero no aceptas nada porque tienes resaca de la fiesta de ayer.

FUNCIONES COMUNICATIVAS: Preguntar a alguien por sus preferencias. Expresar preferencias.

LÉXICO: Referente a platos de menú.

CONTENIDO GRAMATICAL: Presente de indicativo.

PREGUNTAR A ALGUIEN POR SUS PREFERENCIAS	EXPRESAR PREFERENCIAS
¿Qué prefiere(s)?	Prefiero + sustantivo o infinitivo.
¿Prefiere(s) + sustantivo o infinitivo?	Sí, lo prefiero.
¿Cuál prefiere(s)?	Me gusta más + sustantivo o infinitivo.
¿Qué te / le gusta más?	Mi favorito es (...).
¿Te / Le gusta más (...) que / o (...)?	Me sientan mejor (...).
¿Qué te / le apetece más?	Me quedaría con (...).
¿Cuál es tu / su favorito?	A mí, dadme (...).

SITUACIÓN:

Frank y Andrés van al restaurante Casa Ciriaco.

1. Lee

(Llegan al restaurante)

- **Andrés:** ¡Buenas tardes! Por favor, ¿tienen alguna mesa libre?
- ▲ **Camarero:** ¿Cuántas personas son?
- **Andrés:** Somos dos.
- ▲ **Camarero:** Pasen por aquí.

   (Se sientan y el camarero les entrega la carta)

- ▲ **Camarero:** ¿Qué desean para beber?
- **Andrés:** *¿Qué prefieres* vino, una cerveza, agua ...?
- ✦ **Frank:** *Prefiero* vino.
- **Andrés:** *¿Te gusta más* tinto o rosado?

◆ **Frank:** Tinto.

(Miran la carta y empiezan a pedir)

◆ **Frank:** De primero, un revuelto de espárragos y una crema de verduras para mí.

● **Andrés:** De segundo, *¿qué te apetece más* carne o pescado?

◆ **Frank:** *Me gusta más* el pescado.

● **Andrés:** Entonces, rape con gambas y solomillo a la pimienta.

(Terminan de comer y viene el camarero)

▲ **Camarero:** ¿Desearían tomar algún postre o café?

◆ **Frank:** A mí traigame una mouse de chocolate y un café con leche.

● **Andrés:** Para mí, mejor una infusión de menta-poleo y, por favor, ¿nos puede traer la cuenta?

(...)

● **Andrés:** Muchas gracias.

▲ **Camarero:** Gracias a ustedes. Hasta pronto.

2. Estás en un centro comercial y te están haciendo una encuesta para la próxima apertura de un restaurante. Imagina que eres vegetariano. Tienes que responder a las preguntas y decir ¿por qué?

1. ¿Qué prefiere la carne o el pescado?

_____

2. ¿Prefiere las verduras o las legumbres?

_____

3. ¿Qué le gusta más para tomar después de las comidas café, leche, infusiones?

_____

4. Si te ofrecen una ensalada mixta con atún y una ensalada de endivias con roquefort. ¿Cuál prefieres?

_____

5. ¿Te gusta el vino? ¿Cuál es tu favorito?

_____

3. A continuación tienes una serie de platos desordenados. Tienes que agruparlos en función de: 1º plato, 2º plato y postre para confeccionar el menú del día.

✔ consomé	✔ flan con nata
✔ tarta de manzana	✔ salmón a la plancha
✔ filete con patatas	✔ crema de verduras
✔ cocido madrileño	✔ fruta del tiempo
✔ lentejas	✔ huevos fritos con chorizo
✔ natillas	✔ pollo asado con pimientos

Ahora, con el menú confeccionado inventa un diálogo para las siguientes escenas.

Entras en el Restaurante "La Llama".Te sientas y miras el menú del día. El camarero se acerca y te pregunta qué platos vas a elegir.

Le dices lo que quieres, pero teniendo en cuenta que estás haciendo una dieta de adelgazamiento.

Terminas de comer y el camarero te pregunta si prefieres café o té. Tú le dices que tomas café pero endulzado con sacarina por la dieta.

El camarero te trae el café y tú le pides la cuenta indicándole que prefieres pagar con tarjeta porque no tienes dinero en efectivo. El camarero te cobra y te despides.

FUNCIÓN COMUNICATIVA: Intentar convencer a alguien.

LÉXICO: Referente a compras en: una zapatería, tienda de ropa, mercado, papelería...

CONTENIDO GRAMATICAL: Pronombres personales.

INTENTAR CONVENCER A ALGUIEN

Creo que esto es mejor.

Sí, pero mira/e (...)

Más (+adjetivo), ¡imposible!

Creo que lo mejor para ti/usted
será (...)

Convéncete / Convénzase

¡Por supuesto!, pero (...)

SITUACIÓN: De compras.

1. Lee los siguientes diálogos y trata de adivinar en qué tienda están. Entre tú y tu compañero poned un título al diálogo y completad el espacio vacío.

TÍTULO: _____

- ¿Qué deseas?
- ▲ Quiero unos _____ azules.
- ¿De qué talla?
- ▲ La 38.
- ¿Te gustan éstos?
- ▲ Sí. ¿Puedo probármelos?
- Claro. El probador está al fondo a la izquierda.

  ...

- ¿Cómo te quedan?

▲ Un poco anchos. ¿No tienes otra talla más pequeña?

● *Más* pequeña, *¡imposible!*

▲ Pues yo me veo gorda.

● *Convénce*te, con la talla 36 no vas a parecer más delgada que con la 38.

▲ Bueno, vale. ¿Cuánto cuestan?

● Son 48 euros.

▲ De acuerdo. Me los llevo.

TÍTULO: _____

● ¿Me enseña esos _____ del escaparate?

▲ Sí, claro. ¿Qué número tiene?

● El 37.

▲ ¿De qué color los quiere?

● Negros.

▲ Sí, sí. Ahora mismo se los saco.

...

▲ ¿Le quedan bien?

● Me hacen un poco de daño.

▲ Entonces *creo que lo mejor para usted será* probarse un número más.

● Vale. De acuerdo.

TÍTULO: _____

● Hola. ¿Tienen ....?

▲ Sí, y muy buenos.

● ¿A cómo está el kilo?

▲ A 1,5 euros, ¿cuánto le pongo?

● Es que los veo demasiado maduros. ¿Tienen otros más verdes?

▲ Sí, *pero mire* estos, son de una calidad excelente.

● Vale, vale. Deme entonces, un kilo y medio.

▲ Aquí tiene, ¿algo más?

● No, gracias, nada más. ¿Cuánto es todo?

▲ 2,25 euros.

TÍTULO: _____

- ¡Hola!.
▲ ¡Hola! ¿Qué querías?
- Quiero regalarle algo a un amigo. ¿Qué puedo llevarle?
▲ Mira, aquí tienes estos llaveros de piel o estas _____ estilográficas. Personalmente **creo que esto último es mejor** regalo.
- ¡Qué bonitas! Me gusta ésta. ¿Cuánto cuesta?
▲ 80 euros.
- Vale. Me la llevo.

2. Imagina diálogos con tu compañero; uno sigue las pautas del diálogo y el otro hace de dependiente o vendedor que le intenta convencer.

DIÁLOGO 1
1° Quieres un kilo de peras maduras.
2° Te ofrecen peras verdes.
3° Te convence el vendedor.
4° Las compras.

DIÁLOGO 2
1° Quieres un abrigo negro.
2° Te lo pruebas.
3° No te está bien (crees que te queda un poco grande).
4ª Te convence el dependiente.
5° Te lo llevas.

DIÁLOGO 3
1° Quieres unos botines.
2° Te los pruebas.
3° Te hacen mucho daño.
4° Te intentan convencer.
5° No compras nada.

3. En parejas. Representad las situaciones de abajo en las que uno es el cliente, y el dependiente intenta convencerle para que compre. Cambiad luego los papeles.

- En la zapatería. Necesitas unas botas cómodas.
- En una tienda de ropa. Quieres comprar una americana.
- En la frutería. Quieres comprar tomates.
- En la papelería. Necesitas un buen rotulador de punta fina.

FUNCIONES COMUNICATIVAS: Decir que uno va a hacer algo. Decir que uno no va a hacer algo.

LÉXICO: Referente a los viajes y planes.

CONTENIDO GRAMATICAL: Ir a + infinitivo.

DECIR QUE UNO VA A HACER ALGO	DECIR QUE UNO NO VA A HACER ALGO
Voy a + infinitivo.	No voy a + infinitivo.
Pienso + infinitivo.	No pienso + infinitivo.
Pasado mañana (...)	En estos días no voy a salir de casa.
El domingo que viene (...)	Pasado mañana no (...)
Muy pronto (...)	El domingo que viene no (...)
Dentro de unos días (...)	¡No cuente(s) conmigo!

SITUACIÓN: Laura recibe una postal de unos amigos que van a venir a Madrid.

1. Lee:

> Virginia, 1 de junio de 1999
>
> Querida Laura:
>
> La **semana próxima vamos** a ir a Madrid por motivos de trabajo. **Pensamos** estar allí durante tres semanas. Vamos a llegar el 8 de Marzo a las 12 de la mañana. y tenemos la intención de quedarnos en un hotel céntrico.
>
> **Vamos a** tener tiempo de visitar la ciudad y de hacer algunas excursiones.
>
> Tenemos muchas ganas de veros. Si queréis llamarnos, **en estos días** no vamos a salir de casa.
>
> Esperamos tener noticias vuestras muy pronto.
> Un beso muy fuerte.
>
> Ana y Pedro
>
> P.D. Recuerdos de nuestra parte para tus padres.

> Srta. Laura Bermejo
>
> Cruz, 10 - 5° dcha.
>
> 28010 MADRID
>
> ESPAÑA

2. Responde a estas preguntas.

- ¿Qué vas a hacer este verano?

  Voy a _____

- ¿Qué vas a hacer después de este curso de español?

  Pienso _____

- ¿Vas a salir esta tarde con tus amigos?

  No voy a _____

- ¿Qué piensas hacer el próximo fin de semana?

  No pienso _____

- ¿Cuándo vais a ir al Museo Reina Sofía?

  Dentro de unos días _____

3. Te ha tocado un viaje de una semana para dos personas a París. Allí viven unos amigos tuyos. Les escribes una postal y les dices lo que vas a hacer en esos días.

FUNCIÓN COMUNICATIVA: Mantener un diálogo por teléfono.

LÉXICO: Referente al teléfono (descolgar, marcar...).

CONTENIDO GRAMATICAL: Presente de Indicativo del verbo "ponerse"

MANTENER UN DIÁLOGO POR TELÉFONO.

- ¡¿Sí?!
- ¿Dígame?
- ¿Está... por favor?
- ¿De parte de quién?
- Soy...
- Un momento, por favor.
- Enseguida se pone.
- No, (ahora) no está.
- Puede(s) llamar más tarde.
- Sí, pero ahora no puede ponerse.
- ¿A qué número llama(s)?
- No, se/te ha(s) equivocado.
- ¿Quiere(s) dejarle un recado?
- ¿Quiere(s) que le deje un recado?

SITUACIÓN: Al teléfono.

1. Relaciona cada conversación telefónica con su significado:

A. . La persona que llama se confunde de número.

B. La persona no está en casa.

C. La persona está en casa y puede ponerse al teléfono.

D. La persona está en casa, pero no puede ponerse al teléfono.

Diálogo telefónico n° 1

Eliza: ¿Ring? ¿Ring?

Familia de Mihoko: ¿Dígame?

Eliza: ¿Está Mihoko, por favor?

Familia de Mihoko: Sí, ¿de parte de quién?

Eliza: Soy Eliza, una compañera de clase

Familia de Mihoko: Un momento, por favor. Enseguida se pone.

Diálogo telefónico n° 2

Nadia: ¿Ring? ¿Ring?

Familia de Jan: ¡¿Sí?!

Nadia: ¿Está Jan, por favor?

Familia de Jan: Sí, pero ahora no puede ponerse. Está en el baño. Llama más tarde, por favor.

Nadia: De acuerdo. Muchas gracias.

Diálogo telefónico n° 3

Mustafá: ¿Ring? ¿Ring?

Persona: ¿Dígame?

Mustafá: ¿Está Paula?

Persona: ¡¡Paula!! ¿A qué número llama?

Mustafá: Al 232 19 76

Persona: Se ha equivocado. No es aquí.

Diálogo telefónico n° 4

Murat: ¿Ring? ¿Ring?

Madre de Paula: ¡¿Sí?!

Murat: ¿Está Paula, por favor?

Madre de Paula: No, ahora no está. Está en la Universidad. Llámala por la noche.

Murat: Muchas gracias.

Madre de Paula: De nada.

2. Ahora ponte de espaldas a tu compañero, simula coger y/o ponerte al teléfono y llámalo como se te indica en los siguientes diálogos.

SITUACIÓN 1:

ALUMNO A
Llamas a un amigo.
Preguntas si está en casa.
Le dices quién eres.
Expresas acuerdo y despedida.

ALUMNO B
Eres el hermano del amigo y contestas a la llamada.
Le pides que se identifique.
Le dices que no puede ponerse ahora porque está en el garaje. Le pides que llame más tarde.
Te despides.

SITUACIÓN 2:

ALUMNO A
Marcas un número de teléfono equivocado y preguntas por Blanca.
Dices el número que has marcado.

ALUMNO B
Eres Teresa y preguntas qué número ha marcado.
Le explicas que se trata de una equivocación.

3. En parejas. Ponte de espaldas a tu compañero.

SITUACIÓN 1 - ALUMNO A
Llamas a un amigo a su casa.

SITUACIÓN 1 - ALUMNO B
Avisas a tu hijo que le llaman por teléfono.

SITUACIÓN 2 - ALUMNO A
Llamas a un amigo a su casa.

SITUACIÓN 2 - ALUMNO B
Contestas que tu hermano está en casa, pero que no puede ponerse y que deje un mensaje, si quiere.

SITUACIÓN 3 - ALUMNO A
Llamas a un amigo a su casa, pero no hay nadie.

SITUACIÓN 3 - ALUMNO B
No descuelgas el teléfono.

SITUACIÓN 4 - ALUMNO A
Llamas a un amigo a su casa, pero marcas un número equivocado.

SITUACIÓN 4 - ALUMNO B
Dices que se ha equivocado de número.

FUNCIONES COMUNICATIVAS: Solicitar una cita o convocar. Aceptar o conceder una cita. Rehusar o no conceder una cita.

LÉXICO: Referente a actividades de ocio y tiempo libre (cine, zarzuela, exposición...).

CONTENIDO GRAMATICAL: Quedar(se).

SOLICITAR UNA CITA O CONVOCAR	ACEPTAR O CONCEDER UNA CITA	REHUSAR O NO CONCEDER UNA CITA
¿A qué hora (...)? ¿Quedamos a (...)? ¿Dónde quedamos? ¿Cuándo nos vemos? ¿Por qué no (...)? ¿A las (...) te/le va bien?	Sí. Vale. De acuerdo. Vale, a las (...) De acuerdo, quedamos a las (...) Sí, ¿te/le va bien mañana?	No. No, no puedo. No, es imposible. Lo siento, pero (...) ¡Lástima! es que (...) ¡Qué pena! pero ese mismo día (...)

SITUACIÓN: Elaine solicita una cita para ir a una zarzuela.

1. Completa el diálogo con las expresiones de las cajas.

> ✔ Lo siento, pero... ✔ Vale ✔ ¿Por qué no...?
>
> ✔ De acuerdo ✔ ¿Quedamos a...? ✔ ¿A qué hora quedamos?

- **Elaine:** Mihoko, ¿_____ me acompañas esta tarde a ver una zarzuela?

- **Mihoko:** _____. ¿_____?

- **Elaine:** Podemos quedar a las 6,30 para sacar antes las entradas.

- **Mihoko:** _____ no puedo a esa hora. Quiero quedarme en casa hasta las 7 preparando el test de mañana.

- **Elaine:** Entonces, ¿_____ las 7,30?

- **Mihoko:** _____, quedamos a las 7,30 en la puerta principal del Teatro de la Zarzuela.

2. Relaciona.

1. ¿Quedamos a las 7?	**a.** Vale. Podemos ver "La niña de tus ojos".
2. ¿Por qué no vamos al cine?	**b.** Quedamos en el café "Brisa".
3. ¿Cuándo nos vemos?	**c.** Pasado mañana. ¿Vale?
4. ¿Por qué no quedamos mañana?	**d.** Lo siento, pero mañana es imposible.
5. ¿Dónde quedamos?	**e.** De acuerdo, quedamos a las 7.

3. Completa tu agenda. Escribe las cosas que haces esta semana. Luego en parejas decide a qué hora puedes quedar con tu compañero/a para hacer las actividades que se proponen en el recuadro.

	LUNES	MARTES	MIÉRCOLES	JUEVES	VIERNES	SÁBADO	DOMINGO
9.00							
10.00							
11.00							
12.00							
13.00							
14.00							
15.00							
16.00							
17.00							
18.00							
19.00							
20.00							
21.00							
22.00							

ACTIVIDADES PARA LA SEMANA

1. Ir al Palacio Real.

2. Ver una exposición de escultura.

3. Comer paella en un restaurante típico.

4. Ver un espectáculo flamenco.

5. Visitar el Museo del Prado.

6. Ir a los toros.

7. Ir a clase de español.

8. Hacer la compra.

9. Celebrar el cumpleaños de Adam.

10. Ir al cine.

(otras actividades)

FUNCIÓN COMUNICATIVA: Dar instrucciones.

LÉXICO: Referente a lugares públicos y privados en la ciudad.

CONTENIDO GRAMATICAL: Imperativo.

DAR INSTRUCCIONES A ALGUIEN

(...Imperativo...)

Primero (...), luego (...), y después (...).

Hay que + infinitivo.

Tiene(s) que + infinitivo.

Presente de indicativo: (2ª persona del singular).

Sigue / Siga las instrucciones.

---

1. Lee:

SITUACIÓN 1: El Internet Café.

- **Daniel:** Oye, Brad, ¿sabes dónde está el Internet Café? Necesito mandar un mensaje por correo electrónico.

- **Brad:** Sí, está muy cerca de aquí. *Sal* de la escuela. *Gira* a la derecha. **Sigue** todo recto. *Cruza* la Avenida de la Paz y está en la primera esquina.

- **Daniel:** Muchas gracias. Nos vemos más tarde.

- **Brad:** ¡Hasta luego!

SITUACIÓN 2: En la calle

- **Turista:** Oiga, por favor, ¿hay una oficina de correos por aquí cerca?

- **Peatón:** Sí, hay una. Primero *coja* la segunda calle a la derecha y al llegar a la boca de metro *gire* a la izquierda. Luego, *cruce* la Plaza del Diamante y enfrente está Correos.

- **Turista:** Muchas gracias por su información.

2. Llevas una semana en la ciudad. Necesitas ir a algunos sitios cercanos a tu casa. Preguntas a tu familia y a algunos peatones cómo ir a estos lugares.

Oye,¿ hay un / una _____ por aquí?

Oiga, ¿sabe dónde está el / la _____?

Sí, está cerca de aquí.

Sí.

Primero...

después...

y luego...

Sigues todo recto / Siga todo recto.

Giras a la derecha / Gire a la derecha.

Cruzas / Cruce.

Coges la segunda a la izquierda / Coja la segunda a la izquierda.

al llegar a......
en la esquina
en el semáforo
en la bocacalle
en la manzana ....
en la boca del metro
en la parada del autobus

3. En parejas. Cada alumno tiene el mismo plano con lugares diferentes. Es importante no mirar el plano del compañero.

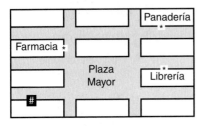

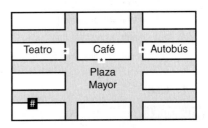

✔ Tu compañero y tú os encontráis donde está #. Pregúntale dónde están los siguientes lugares: - La parada del 50.

- Un café.

- El teatro "Quijano".

Ejemplo:

-Oiga / Oye, por favor, ¿dónde está la parada del 50?

-Sigue / Siga todo recto...

Recuerda que puedes usar un tratamiento formal o informal.

✔ Tu compañero y tú os encontráis donde está #. Pregúntale donde están los siguientes lugares: - Una farmacia.

- La panadería "MariLuz".

- La librería científica.

Ejemplo:

-Oiga / Oye, ¿sabe(s) dónde hay una farmacia?

-Sigue / Siga todo recto...

Recuerda que puedes usar un tratamiento formal o informal.

FUNCIONES COMUNICATIVAS: Pedir algo a alguien. Dar algo a alguien.
LÉXICO: Variado: la cocina, objetos de escritorio, estanco, dinero...
CONTENIDOS GRAMATICALES: Imperativo.
Verbos "dar/dejar/prestar/alcanzar/pasar/acercar"+ nombre
Verbo " poder"+ "dar/dejar/prestar/alcanzar/pasar/acercar"

PEDIR ALGO A ALGUIEN	DAR ALGO A ALGUIEN
¡Dame / Deme (...)!	¡Toma / Tome!
¡Déjame / Déjeme (...)!	¡Cógelo / Cójalo!
¡Pásame / Pásame (...)!	
¡Préstame / Présteme (...)!	¡Ten / Tenga!
¡Alcánzame / Alcánceme (...)!	Aquí (lo) tiene(s).
¡Acércame / Acérqueme (...)!	Puede(s) quedárte/selo.
¿Me da(s) / deja(s) / presta(s) / pasa(s) (...)?	Te / Se lo doy / presto / dejo.
¿Puede(s) darme / alcanzarme (...)?	

1. Lee:

SITUACIÓN 1:

Karim: Me duele la garganta muchísimo, ¿*me das* un caramelo de menta?
Edouard: ¡*Ten!*

SITUACIÓN 2:

Adriana: Esta noche tengo una fiesta y no tengo nada que ponerme, ¿*me dejas* el vestido negro?
Miriam: ¡*Cógelo!,* está en el armario.

SITUACIÓN 3:

Adam: Las patatas están sosas, ¿*me pasas* la sal?
Richard: ¡*Toma!*

SITUACIÓN 4:

Lisa: ¡Qué alta está la estantería! Por favor, ¿*me alcanzas* ese libro?

Jordan: Sí, ¡cómo no! *Aquí lo tienes*.

SITUACIÓN 5:

Paco: Este fin de semana quiero ir a la playa, ¿*me prestas* 150 euros?

Madre: Bueno... *te los presto*, pero ¡es la última vez!

SITUACIÓN 6:

Hija: Papá, tengo prisa y llueve mucho, ¿*me acercas* al metro?

Padre: Por supuesto, *te acerco* ahora mismo.

2. Ahora tú. Pide a tu compañero las siguientes cosas.

	¿Me das (...)?	¿Me dejas(...)?	¿Me prestas (...)?	¿Me alcanzas(...)?	¿Me pasas (...)?	¿Me acercas (...)?
un bombón						
5 euros						
al trabajo						
el diccionario de la estantería						
la pimienta						
un folio						
fuego						
el coche						
un cigarro						
un bolígrafo						

3. Representa las siguientes situaciones.

SITUACIÓN 1:

A: Quieres ir a esquiar a la sierra. Necesitas un coche para llevar los esquíes. Pídeselo a tu hermano.

B: Dejas el coche a tu hermano.

SITUACIÓN 2:

A: Vas a llamar por teléfono y no tienes suelto. Necesitas dinero y se lo pides a tu amigo.

B: Le prestas el dinero.

SITUACIÓN 3:

A: Estás en un restaurante celebrando tu cumpleaños con tus amigos.
Quieres beber agua pero la jarra está lejos de ti. Pídesela a alguno de los comensales.

B: Pasas el agua a tu amigo.

4. Ahora tú. Inventa situaciones en las que tengas que:

- pedir algo que tienes que devolver.
- pedir algo que no tienes que devolver.
- pedir algo que está demasiado alto para ti.
- pedir algo que está lejos de ti.

  * Ten en cuenta que en algunas hay varias posibilidades.

FUNCIONES COMUNICATIVAS: Intentar persuadir a alguien a hacer algo. Insistir a alguien en algo.

LÉXICO: Referente a medios de comunicación (la cabina telefónica).

CONTENIDOS GRAMATICALES: Preposiciones. Imperativo "tú" y "usted".

INTENTAR PERSUADIR A ALGUIEN A HACER ALGO	INSISTIR A ALGUIEN EN ALGO
¡Inténtalo!/¡Inténtelo! ¡Convéncete!/¡Convénzase! ¿Por qué no lo intenta(s)? ¿Por qué no trata(s) de hacerlo? No lo dudes, decídete/No lo dude, decídase. ¡Venga, hazlo!/¡Venga,hágalo!	¡(...Imper.), por favor! ¡Vamos! ¿No ve(s) que+(Ind.) ¡Venga, venga! Insisto en que + Ind./Subj. No me cansaré de repetirte/le que + Subj. Perdona/e mi insistencia, pero creo que debe(s)+(Inf.)

SITUACIÓN: En una cabina telefónica.

1. Lee:

- **Terèse:** Quiero llamar a mis padres desde una cabina, pero no sé cómo. Creo que sólo voy a poder escribirles cartas.

- ▲ **Jan:** Es muy fácil. *¿Por qué no lo intentas?*

- **Terèse:** ¿Y si la operadora me habla muy rápido? Mejor, no.

- ▲ **Jan:** ¡Qué tontería! La operadora no contesta cuando haces llamadas automáticas. *¡Venga, hazlo!*

- **Terèse:** ¡Bah! Seguro que además hay que meter muchísimas monedas. Déjalo.

- ▲ **Jan:** Depende. LLama a partir de las 10 de la noche: es más barato. *¿Por qué no tratas de hacerlo?* Marcas el 00, luego el código de tu país, el de tu ciudad y tu número. *¡Vamos! ¿No ves que es facilísimo?*

- **Terèse:** ¡Vale, vale!

2. En parejas. Cada alumno (A y B) escribe el diálogo que le corresponde, incluyendo las preposiciones y artículos que faltan. Luego, representadlos entre los dos.

ALUMNO A

- ¿Saber(tú)/cómo/poder(yo)/ ir/Marbella?
- No /saber(yo)./Tener(yo)/ miedo / hablar / teléfono.
- ¿Hablar/muy rápido/operadora?
- Ir(yo)/intentarlo.

ALUMNO B

- ¿Por qué/no/intentar(tú)/llamar/información general/025?
- ¡Vamos!/¿No/ver(tú)/que/ ser/muy/fácil?
- No./Normalmente/ser(ellas)/muy amables.
- ¡Venga,/hacerlo(tú)!

3. Representa con tu compañero las siguientes situaciones:

SITUACIÓN 1 - ALUMNO A

Quieres llamar a un/a chico/a que conociste ayer en una discoteca para quedar con él/ella, pero eres un poco tímido/a: tienes miedo de no hablar correctamente, de que te rechace...

SITUACIÓN 1 - ALUMNO B

Eres un/a amigo/a de **A**. Persuade a tu tímido/a amigo/a para que llame por teléfono a ese/a chico/a que conoció ayer en una discoteca. Insiste todo lo que sea necesario.

SITUACIÓN 2 - ALUMNO A

Quieres llamar al anuncio del periódico en el que necesitan a un(a) presentador/a de televisión. Tú has estudiado periodismo, pero no te atreves porque te da miedo no ser un/a buen/a "comunicador/a", no ser demasiado atractivo/a, no hablar lo suficientemente rápido...

SITUACIÓN 2 - ALUMNO B

Eres un/a amigo/a de **A**. Persuade a tu indeciso/a amigo/a para que llame por teléfono al número en el que necesitan a un/a presentador/a de televisión. Insite todo lo que sea necesario.

SITUACIÓN 3 - ALUMNO A

Quieres llamar a un anuncio del periódico en el que se vende un piso luminoso y grande que te interesa. Tú tienes bastante dinero ahorrado, pero no te atreves a llamar porque piensas que puede ser excesivamente caro.

SITUACIÓN 3 - ALUMNO B

Eres un/a amigo/a de **A**. Persuade a tu tímido/a amigo/a para que llame por teléfono al propietario del piso y se informe del precio. Insiste todo lo que sea necesario.

SITUACIÓN 4 - ALUMNO A

Quieres llamar al anuncio del periódico en el que se ofrece un profesor de español para dar clases particulares. Tú no te atreves a llamar porque piensas que las clases pueden ser demasiado caras.

SITUACIÓN 4 - ALUMNO B

Eres un/a amigo/a de **A**. Persuade a tu indeciso/a amigo/a para que llame por teléfono al profesor de español y se informe de los horarios y los precios. Insiste todo lo que sea necesario.

FUNCIONES COMUNICATIVAS: Intentar hacer algo. Ofrecer ayuda y apoyo. Aceptar una oferta de ayuda.

LÉXICO: Referente a bancos (cajero automático).

CONTENIDOS GRAMATICALES: Estar + gerundio. Imperativo afirmativo tú. Poder + infinitivo.

INTENTAR HACER ALGO	OFRECER AYUDA Y APOYO	ACEPTAR UNA OFERTA DE AYUDA
Intento (...)	¿Te/Le ayudo?	Sí.
Eso intento.	¿Te/Le puedo ayudar?	Sí, gracias.
Lo voy a intentar.	¿Necesita(s) mi ayuda?	Sí, ayúdame. / Sí, ayúdeme.
Trato de (...)	Ya te/le ayudo yo.	Sí, muy amable.
Por mí, que no quede.	¿En qué te/le puedo ayudar?	¡Cómo no!
Estoy experimentando (...)	¿Puedo hacer algo por ti/Vd.?	Sí, gracias por hacerlo.

SITUACIÓN: En el cajero automático.

1. Lee:

- **Christina:** *Estoy intentando* sacar dinero de este cajero automático y no sé cómo hacerlo.

- **Adam:** *¿Te puedo ayudar?*

- **Christina:** *Sí, gracias.*

- **Adam:** Introduce la tarjeta y marca tu código secreto. En la pantalla aparecen diferentes opciones, como por ejemplo: "sacar dinero", "últimos movimientos", "saldo bancario"... Elige "sacar dinero". ¿Cuánto dinero quieres sacar?

- **Christina:** 300 euros.

- **Adam:** Probablemente es demasiado dinero. *Intenta* sacar menos.

- **Christina:** Bueno, en realidad no necesito tanto. Voy a sacar 100 euros.

- **Adam:** Vale, *ya te ayudo yo;* marcamos la cantidad de dinero que quieres y apretamos el botón de "continuar". Esperamos un instante, recogemos la tarjeta y por último el dinero.

- **Christina:** ¡Mil gracias! Eres un cielo.

2. Relaciona las frases:

a. Intentar hacer algo.
b. Ofrecer ayuda y apoyo.
c. Aceptar una oferta de ayuda.

1. ¿Te puedo ayudar a pedir un préstamo en el banco? Soy economista.

2. ▲ ¿En qué le puedo ayudar?

● Necesito cambiar estos dólares a euros.

3. Intento ahorrar al mes la mitad del sueldo.

4. ▲ ¿Ya has terminado de rellenar el impreso de Correos?

● Eso intento, pero no lo entiendo bien.

5. ▲ ¿Por qué no tratas de hacerte millonario jugando en el casino?

● Por mí que no quede, pero creo que es prácticamente imposible.

6. Esta mañana he tratado de sacar un libro de la biblioteca, pero sin el carné de socio no he podido.

7. ▲ Ya te ayudo yo. Estos volúmenes pesan demasiado.

● Sí, ayúdame.

8. ▲ Hija, ¿por qué no vas a Correos y recoges el paquete?

● Lo voy a intentar hoy, pero si no me da tiempo, iré mañana.

3. Por parejas. Simula con tu compañero la siguiente situación.

SITUACIÓN 1 - ALUMNO A

Di a tu compañero que necesitas saber cómo puedes enviar un paquete a tu país. Intentas rellenar un impreso, pero no sabes bien qué tienes que escribir.

Si te ofrecen ayuda, acéptala.

SITUACIÓN 1 - ALUMNO B

Ofrece ayuda a tu compañero sobre cómo rellenar el impreso de Correos para enviar un paquete.

SITUACIÓN 2 - ALUMNO A

Explicas a tu compañero que necesitas saber qué tienes que hacer en una biblioteca para sacar un libro, porque lo has intentado y no has podido.

Si te ofrecen ayuda, acéptala.

SITUACIÓN 2 - ALUMNO B

Ofreces ayuda a tu compañero y le dices que para sacar un libro tiene que:

- llevar dos fotografías.
- hacerse socio.
- rellenar un impreso para sacar un libro en concepto de préstamo.

SITUACIÓN 3 - ALUMNO A

Explicas a un empleado de la oficina de inmigración que no sabes rellenar completamente el formulario para obtener el permiso de residencia.

Si te ofrecen ayuda, acéptala.

SITUACIÓN 3 - ALUMNO B

Eres un empleado de la oficina de inmigración y ofreces tu ayuda a un extranjero para rellenar completamente el formulario del permiso de residencia.

FUNCIONES COMUNICATIVAS: Preguntar a alguien si le ocurre algo. Tranquilizar o consolar a alguien. Expresar preocupación, temor o angustia.

LÉXICO: Referente a las partes del cuerpo y a algunos nombres de medicinas.

CONTENIDO GRAMATICAL: Imperativo "tú" y "usted".

PREGUNTAR A ALGUIEN SI LE OCURRE ALGO	TRANQUILIZAR O CONSOLAR A ALGUIEN.	EXPRESAR PREOCUPACION TEMOR O ANGUSTIA.
¿Qué te / le pasa?	¡Tranquilízate / Tranquilícese!	Estoy preocupado.
¿Cómo está(s)?	Tranquilo, que (...)	Estoy angustiado.
¿Está(s) bien?	¡Ánimo!	Estoy preocupado por...
¿Cómo te encuentras / se encuentra?	¡No pasa nada!	Esto me preocupa.
¿Te / Le sucede algo?	No debes preocuparte / debe preocuparse por (...).	No estoy tranquilo.
¿Cómo te sientes / se siente?		

SITUACIÓN: Michelle se encuentra en la calle con una amiga.

1. Lee:

- **Jesica:** Hola Michelle.
- ▲ **Michelle:** Hola Jesica. ¿Cómo estás?
- **Jesica:** No muy bien.
- ▲ **Michelle:** ¿Por qué? **¿Qué te pasa?**
- **Jesica:** **Estoy preocupada** porque tengo un dolor de estómago muy fuerte y no tengo apetito.
- ▲ **Michelle:** Seguro que sólo es un pequeño resfriado.
- **Jesica:** Es posible; pero **no estoy tranquila** porque no tengo fuerzas para hacer nada.
- ▲ **Michelle:** **¡No pasa nada!** Si quieres, ahora podemos ir al médico.
- **Jesica:** Bueno.

2. Michelle va a la consulta del médico. Completa el diálogo con las palabras que tienes a continuación:

✔ ¡Ánimo!	✔ Siéntese	✔ Beba mucho líquido
✔ ¡Tranquilícese!	✔ Estoy preocupada	✔ Buenos días
✔ Tengo mucha fiebre	✔ Tómese un gelocatil	

- ◆ **Médico:** ¡Buenos días!

- ▲ **Michelle:** _____

- ◆ **Médico:** _____

- ▲ **Michelle:** No me encuentro muy bien. _____
  porque tengo dolor de estómago y casi no como.

- ◆ **Médico:** _____ aquí y abra la boca. Tiene la garganta muy roja,
  tiene faringitis. Ahora, descúbrase la parte de arriba que la voy a auscultar.

- ▲ **Michelle:** No estoy tranquila porque _____

- ◆ **Médico:** _____, no es nada grave. Tiene
  gripe. La solución es guardar reposo durante una semana.
  _____cada cuatro horas para bajar la fiebre.

- ▲ **Michelle:** ¿Tengo que seguir alguna dieta?

- ◆ **Médico:** No, pero _____

- ▲ **Michelle:** ¿Puede hacerme una receta para la farmacia?

- ◆ **Médico:** Para comprar gelocatil no necesita receta. _____,
  _____. En una semana estará bien.

2. Haz un diálogo teniendo en cuenta las siguientes situaciones. Puedes usar las palabras que tienes en el cuadro de abajo.

A: Eres el enfermo que vas a la farmacia para pedir una medicina porque tienes dolor de cabeza y de garganta. Además, aprovechas para comprar otras cosas.

B: Eres el farmacéutico y preguntas al enfermo cuáles son sus síntomas y le tranquilizas.

tiritas	caramelos para la tos
agua oxigenada	termómetro
alcohol	vitaminas
aspirinas	

FUNCIONES COMUNICATIVAS: Preguntar a alguien si sabe algo. Manifestar atención por algo. Expresar duda, desconfianza o incredulidad. Expresar interés o entusiasmo.

LÉXICO: Referente a noticias y rumores.

CONTENIDOS GRAMATICALES: Pretérito Perfecto. Imperativos.

PREGUNTAR A ALGUIEN SI SABE ALGO	MANIFESTAR ATENCIÓN POR ALGO
¿Qué sabe(s) de (...)?	¿Ah,sí?
¿Ha(s) oído(...)?	Cuenta, cuenta./Cuente, cuente.
¿Sabe(s) algo acerca de (..)?	¿Cómo, cómo?
¿Te/Se ha enterado de que + (ind.)?	¡Fíjate! /¡Fíjese!
¿Está(s) enterado de (...)?	¡No me diga(s)!
¿No se/te ha(s) enterado de (...)?	¡A ver, cuéntame/cuénteme!

EXPRESAR DUDA, DESCONFIANZA O INCREDULIDAD	EXPRESAR INTERÉS O ENTUSIASMO
Lo dudo.	¡Qué bien!
No sé, no sé...	¡Qué interesante!
¿Está(s) seguro?	¡Qué gran idea!
¿Qué dice(s)?	¡Fenomenal!
Lo siento, soy muy incrédulo.	¡Formidable!
Si usted/tú lo dice(s) (...)	¡Apasionante!

SITUACIÓN: "De boca en boca".

- **Mustafá:** *¿Te has enterado de que* la estudiante Melanie es una actriz de gran prestigio en su país?

- **Florence:** *¡No me digas! ¡Qué interesante! ¿Y cómo te has enterado?*

- **Mustafá:** Ayer la vi en una película por la tele.

- **Florence:** *¿Qué dices? ¿Estás seguro?*

- **Mustafá:** Sí, y esta mañana en clase nos ha comentado que este año ha ganado un premio muy importante a la mejor actriz.

- **Florence:** *¡Apasionante! ¡Qué bien!* Cuando la vea voy a preguntarle si conoce a Brad ....

1. Relaciona las siguientes frases:

¿Está Vd. enterado de que este año van a bajar los impuestos?

¿Te has enterado de que Madonna está enamorada de un príncipe?

¿Ha oído que existe una medicina que cura el cáncer?

¿No te has enterado de que nuestro ex-colega Paco va a ser nombrado Ministro de Educación y Cultura?

A. Formidable. ¡Qué bien!

B. ¿Estás seguro?

C. ¿Ah,sí? Cuenta, cuenta...

D. No sé, no sé. Lo dudo. El año pasado el Ministro de Economía dijo lo mismo y al final nada.

2. Por parejas. Un estudiante lee un titular y su compañero va reaccionando ante las noticias (y viceversa).

Ejemplo

▲ *"¿Te has enterado de que han fichado a un futbolista brasileño por 30.000 euros?"*

● *- ¿Ah, sí? Cuenta, cuenta.*

- "El joven programador de informática Pepe López vende un programa a la empresa Minisoft por 65.000 euros"
- "Reducción del precio de la gasolina"
- "Hundimiento de un crucero en el mar Mediterráneo: no hay ahogados"
- "Visita del Príncipe a la escuela de español"
- "Incendio en el Monasterio: destrucción de un cuadro de El Greco"

FUNCIÓN COMUNICATIVA: Hacer comparaciones.

LÉXICO: Referente a la pintura.

CONTENIDOS GRAMATICALES: Comparativos / Verbo parecerse a : me parezco/te pareces/se parece...

¿A quién te pareces / se parece?

HACER COMPARACIONES

(...) **más** +	nombre	(...) **tanto-a** +	sustantivo no contable
	adjetivo + **que** (...)	+ **como** (...)	
	adverbio	(...) **tantos-as** +	sustantivo conta-
(...) **tan** +	adjetivo	ble + **como** (...)	
	adverbio + **como** (...)	Verbo + **más que** (...)	
(...) **menos** +	nombre	Verbo + **menos que** (...)	
	adjetivo + **que** (...)	Verbo + t**anto como** (...)	
	adverbio	(...) **igual que** (...).	

SITUACIÓN: El Museo del Prado. Biografías de Velázquez y Goya.

1. Lee

DIEGO DE SILVA Y VELÁZQUEZ

Nació en Sevilla en 1599. A los once años inició sus estudios de pintura como aprendiz de Francisco Pacheco. En 1622 viajó por primera vez a Madrid donde conoció al Conde-Duque de Olivares (valido del rey Felipe IV) y fue nombrado "pintor de cámara". Pintó **más** retratos reales **que** mitológicos. Entre los últimos se pueden destacar: La Fragua de Vulcano, Los Borrachos y Las Hilanderas.En 1629 viajó a Italia, animado por Rubens, y pronto estuvo **tan** formado **como** él. En 1651 fue nombrado aposentador de Palacio y en 1660 tras preparar la boda de la infanta Mª Teresa con Luis XVI, murió.Entre los distintos temas que pintó hay que señalar: bodegones con personas, religiosos, mitológicos, retratos (caza, reales, ecuestres, de bufones, de niños). Sin duda, "Las Meninas" es **más** conocido **que** otros.

FRANCISCO DE GOYA Y LUCIENTES

Nació en Fuendetodos (Zaragoza) en 1746. Inició sus estudios en el taller de Luzán. Viajó a Italia **igual que** Velázquez donde aprendió la técnica del fresco. A los 27 años se casó con Josefa Bayeu, hermana de Francisco Bayeu, pintor de Cámara del rey Carlos III. Ingresó en la Real Fábrica de Tapices donde trabajó 16 años realizando cartones. En 1786 empezó a trabajar para el rey Carlos III hasta que murió, y luego lo hizo para Carlos IV y su esposa la reina María Luisa que le nombraron pintor de cámara. Pintó **tantos** retratos **como** Velázquez. En 1792 viajó a Andalucía y contrajo una grave enfermedad que le dejó sordo. Sufrió una gran crisis que influyó en su pintura. A partir de aquí hizo las "Pinturas negras". Murió en 1828 en Burdeos. Entre sus obras podemos señalar como tema familiar al **igual que** "Las Meninas", "La familia de Carlos IV".

2.- Observa atentamente estos dos cuadros. Relaciónalos con la información que tienes en cada frase.

1. En este cuadro el espacio es mayor que en el otro.

2. En esta pintura hay menos profundidad que en la otra.

3. Se da más importancia a las joyas y vestidos que en el otro.

4. La ironía es menor en este cuadro que en el otro.

5. Tanto en un cuadro como en el otro aparece autorretratado el pintor.

6. Los colores son más intensos en esta pintura que en la otra.

7. El vestido de la infanta es igual que el de su sirvienta.

3. Aquí tienes una foto de la familia real española. Compara a todos sus miembros usando los adjetivos que tienes en el cuadro.

✔ alto / bajo	✔ gordo / delgado	✔ rubio / moreno
✔ guapo / feo	✔ sonriente / serio	✔ ...

4. ¿Tienes alguna foto de tu familia? ¿A quién te pareces? ¿Cómo son los miembros de tu familia?, ¿y los de las familias de tus compañeros? Haced comparaciones.

Ejemplo:

"Me parezco a mi hermana en los ojos y en la boca". "Es tan alta como yo"...

FUNCIONES COMUNICATIVAS: Preguntar a alguien si puede hacer algo. Decir a alguien que puede hacer algo. Decir a alguien que no puede hacer algo.

LÉXICO: Referente al trabajo y formación.

ESTRUCTURA GRAMATICALES: Estar+ gerundio. Pretérito Indefinido.

PREGUNTAR A ALGUIEN SI PUEDE HACER ALGO	DECIR A ALGUIEN QUE PUEDE HACER ALGO	DECIR A ALGUIEN QUE NO PUEDE HACER ALGO
¿Puede(s) + (inf.)? ¿Sabe(s)+ (...)? ¿Cree(s) que va(s) a poder + (Inf.)? ¿Tiene(s) experiencia en (...)? ¿Sirve(s) para (..)? ¿Está(s) suficientemente preparado?	Sí que puede(s) + (inf.) Vd./Tú puede(s) hacer esto. Sí, sí está(s) capacitado. Sí que te/le veo capaz. Te/le veo apto para (...) Creo que podrá(s)	No puede(s) hacer(..) Tú no puedes hacer esto./Vd. no puede hacer esto. Creo que no podrá(s) hacerlo. No, no está(s) capacitado. No, no está(s) lo suficientemente preparado. No te/le veo apto para (...)

SITUACIÓN: En la oficina del jefe de personal.

- **Jefe de personal:** ¡Buenos días! Siéntese, por favor.

▲ **Sarah:** ¡Buenos días!

- **Jefe de personal:** Hemos leído su currículum y nos gustaría comentarlo con usted. ¿*Tiene experiencia en* el departamento de logística?

▲ **Sarah:** Sí. Estuve trabajando durante cuatro años como economista en una multinacional italiana y ahora soy la responsable de logística internacional en una empresa de automóviles.

- **Jefe de personal:** Aparte de inglés, ¿*sabe* otros idiomas?

▲ **Sarah:** Sí, hablo italiano y tengo conocimientos a nivel escrito de alemán.

- **Jefe de personal:** *Creo que podrá* entonces desempeñar el puesto de directora.

2. Lee las profesiones del recuadro y completa los diálogos con las que te parezcan más adecuadas.

✔ Mensajero	✔ Ejecutivo	✔ Secretaria	✔ Farmacéutico
✔ Camarero	✔ Albañil	✔ Abogado	✔ Decorador
✔ Intérprete	✔ Cocinero	✔ Dependiente	✔ Carpintero
✔ Economista	✔ Azafata	✔ Médico	✔ Arquitecto

2b. Completa los diálogos con alguna de las profesiones del recuadro.

▲ ¿Puedes trabajar en la barra de un bar y en la cocina?

● Sí.

▲ Entonces estás capacitado para trabajar como _____ (y _____)

▲ ¿Sabes diseñar el interior de una casa?

● Sí.

▲ Entonces te veo apto para trabajar como _____ (y _____)

▲ ¿Sirves para atender a la gente? ¿Eres una persona comunicativa y sociable?

● No.

▲ Entonces no puedes trabajar como _____ (ni _____)

▲ ¿Estás dispuesto a viajar? ¿Puedes estar fuera de casa?

● Sí.

▲ Entonces creo que podrás trabajar como _____ (y _____)

▲ ¿Tienes experiencia trabajando en equipo?

● No.

▲ Entonces no podrás trabajar como _____ (ni _____)

▲ ¿Tienes experiencia en informática? ¿Sabes idiomas?

● Sí.

▲ Entonces estás capacitado para trabajar como _____ (y _____)

▲ ¿Sirves para mandar a los demás?

● Sí.

▲ Entonces sí que puedes trabajar como _____ (y _____)

3. En parejas. Leed los siguientes anuncios. Pensad en vuestra formación y en vuestra experiencia profesional. Simulad que estáis en diferentes entrevistas de trabajo. Luego cambiad los papeles.

Ejemplo

Jefe de personal: ¿Tiene experiencia en ...?

Candidato: Sí. Trabajé ...

Jefe de personal: ¿Sabe...?

Candidato: ...

CONSTRUCTORA PRECISA

INGENIEROS DE CAMINOS
ARQUITECTOS TECNICOS

Jefes de Grupo de Obras y Jefe de Obra

● Experiencia requerida: como Jefe de Obra 3 años y de Grupo 5 años.
● Incorporación inmediata.
● Puesto responsable y posibilidad real de promoción.
● Condiciones según valía.

Interesados enviar C.V. con fotografía al Apdo de Correos nº 801 28080 Madrid.

DIRECTOR DE INFORMÁTICA

Se requiere:

– Experiencia en redes Novell y Microsoft.
– Familiarizado con tecnología Internet/Intranet.
– Amplios conocimientos de herramientas de programación Microsoft y/o Borland.
– Capacidad organizativa y de dirección de proyectos de desarrollo.
– Inglés hablado y escrito con fluidez.

Curriculum con fotografía reciente al Apdo. Correos 2727 28080 Madrid

---

Departamento Comercial

SEÑORAS Y SEÑORITAS
MAYORES DE 30 AÑOS

● Incorporación inmediata.
● Seguridad Social.
● Formación a cargo de la empresa (no imprescindible experiencia).
● Posibilidades de promoción.

91 566 64 48

EMPRESA DE INSTALACIONES A NIVEL NACIONAL PRECISA

ENCARGADO DE OBRA
Para Madrid

EXPERTOS EN EXCAVACIÓN
Disponibilidad para viajar por territorio nacional

EXPERTOS EN MINIEXCAVADORA
Preferentemente con carnet de primera y disponibilidad para viajar por territorio nacional

Incorporación inmediata y contrato indefinido. Llamar al 93 343 23 10, preguntando por Javier Muñoz.

FUNCIÓN COMUNICATIVA: Expresar decepción o desilusión.

LÉXICO: Referente a actividades de ocio y tiempo libre (museos, monumentos...).

CONTENIDOS GRAMATICALES: Pretérito Perfecto. Pretérito Imperfecto.

EXPRESAR DECEPCIÓN O DESILUSIÓN

¡Qué pena!
¡Qué lástima!
¡Qué mal!
Esperaba (inf.)
Creía que (ind.)
¡Esperaba otra cosa de ti/Vd.!

SITUACIÓN: Una visita cultural.

- **Eva:** *¡Qué lástima!* Son las 2 y la catedral ya está cerrada. Hemos llegado tarde por tu culpa.¡Eres un perezoso! Te has levantado tardísimo y hemos salido de Madrid a la 1.

- **Liam:** *Creía que* estaba abierta. En mi país están abiertas durante todo el día.

- **Eva:** Y, por cierto, también *esperaba* visitar el museo de ese pintor famoso, pero los domingos pone que está cerrado.

- **Liam:** *¡Qué mal!* A mí también me apetecía verlo. *¡Qué pena!*

  ¿Y si nos vamos a comer algo típico y después paseamos por esta hermosa ciudad?

- **Eva:** Bueno..., vale.

2. Reacciona ante las siguientes situaciones con las expresiones del recuadro de arriba.

1. Has visitado un museo muy famoso, pero no te ha gustado.

2. Has comido un plato típico español que te ha parecido demasiado grasiento.

---

3. Has salido de marcha con unos amigos y no te has divertido nada.

---

4. Has asistido a una conferencia y te has aburrido mucho.

---

5. Has ido a ver una película muy taquillera y te has dormido en el cine.

---

6. Has empezado a leer un libro que te han recomendado y no lo has podido terminar.

---

3. En parejas. Estáis en una agencia matrimonial.

ALUMNO A

Eres un/a chico/a que vuelves después de una "cita a ciegas" a la agencia matrimonial.

Primero, tienes que contar qué tal lo habéis pasado, dónde habéis estado, qué habéis hecho,...

Después, expresas tu decepción y dices que tus expectativas eran otras.

ALUMNO B

Eres el/la empleado/a de la agencia matrimonial.

Primero, preguntas a un/a cliente qué tal lo han pasado en su "cita a ciegas", dónde han estado, qué han hecho,...

Después, escuchas la decepción sufrida por tu cliente y le preguntas por las expectativas o ilusiones que en realidad tenía.

FUNCIONES COMUNICATIVAS: Felicitar a alguien. Responder a los cumplidos y felicitaciones. Hacer un brindis.

LÉXICO: Referente a relaciones sociales (cenas, cumpleaños,etc).

CONTENIDOS GRAMATICALES: Pretérito indefinido. Pretérito imperfecto.

FELICITAR A ALGUIEN	RESPONDER A LOS CUMPLIDOS Y FELICITACIONES	HACER UN BRINDIS
¡Felicidades! Te / Le deseo muchas felicidades. ¡Feliz Navidad! Felicidades por (...) ¡Enhorabuena! Me alegro mucho por ti / usted.	Muchas gracias. ¿En serio? ¡Qué amable eres / es! Me alegro de + infinitivo Gracias, pero no tiene importancia. Gracias, te / le estoy muy agradecido.	¡Salud! ¡Por (...)! ¡Chin chin! Brindo por (...) ¡A tu / su salud! Vamos a brindar por (...).

SITUACIÓN: Fiesta de cumpleaños en la casa de Pablo.

1. Lee

- **Pablo:** ¡Hola Ana!
- ▲ **Ana:** ¡Hola Pablo! *¡Muchas felicidades!*
- **Pablo:** *Gracias. Me alegro mucho* de verte.
- ▲ **Ana:** Me han dicho que en España tenéis la costumbre de tirar de las orejas a la persona que cumple años. ¿Cuántos años cumples?
- **Pablo:** Veintiséis años.
- ▲ **Ana:** Entonces ... (le agarra la oreja y tira) un, dos, tres, cuatro, cinco...; además te he traído un regalo.
- **Pablo:** *Muchas gracias*, pero no tenías que traer nada. ¡A ver qué es!

  (Abre el regalo y ve que es un disco de lo mejor del Pop español)
- **Pablo:** Me encanta. Tenía muchas ganas de comprármelo.

  (Después de un rato sus amigos traen una tarta con 26 velas).

¡Cumpleaños feliz, cumpleaños feliz, te deseamos todos, cumpleaños feliz!

Luis: *¡Vamos a brindar por Pablo!*

Todos: *¡Chin chin!* ¡que cumplas muchos más!

2. ¿Qué dirías en las siguientes situaciones? Elige una de las dos respuestas.

1. He encontrado trabajo en una multinacional:

    A: Me alegro mucho por ti.

    B: ¡Qué amable eres!

2. Nos hemos casado esta semana:

    A: ¡Feliz aniversario!

    B: Enhorabuena.

3. Sé que estás enfermo y te he traído las medicinas que necesitas.

    A: ¡Y usted que lo vea!

    B: ¡Qué amable eres!

4. Tenemos una copa llena de champán con los brazos levantados.

    A: Vamos a brindar por...

    B: Muchas gracias.

5. Lo que has hecho no se puede pagar con dinero.

    A: ¡Chin, chin!

    B: Gracias, pero no tiene importancia.

3. Ordena el diálogo para que tenga sentido:

· Sí, me alegro mucho por ti porque has dedicado muchas horas.

· No sólo me ha gustado, me ha encantado. Es lo mejor que he visto en mucho tiempo.

· ¡Enhorabuena! Has hecho un trabajo fantástico.

· ¿En serio?

· ¡Qué amable eres!

· ¡Qué bien! Me alegro de que te haya gustado.

4. En grupo. Estáis celebrando la despedida de soltero/a de un/a amigo/a. Imaginad la situación y lo que se diría en cada momento.

FUNCIONES COMUNICATIVAS: Manifestar curiosidad por algo. Preguntar sobre lo ocurrido. Preguntar a alguien si está seguro de algo. Decir que uno está seguro de algo. Decir que uno no está seguro de algo.
LÉXICO: Referente a objetos personales y documentos.
CONTENIDOS GRAMATICALES: Pretérito perfecto. Pretérito imperfecto / Pretérito indefinido.

PREGUNTAR SOBRE LO OCURRIDO	MANIFESTAR CURIOSIDAD POR ALGO
¿Qué ha pasado? ¿Qué ha sucedido? ¿Cómo fue? Cuéntame/ cuénteme lo sucedido. ¿Pasó algo importante?	¿Sí ...? ¿Ah sí ...? ¿De verdad? ¡No me diga(s)! Cuenta... cuenta / cuente...cuente Siento mucha curiosidad por saberlo.

PREGUNTAR SI ALGUIEN ESTÁ SEGURO DE ALGO	DECIR QUE UNO ESTÁ SEGURO DE ALGO	DECIR QUE UNO NO ESTÁ SEGURO DE ALGO
¿Seguro? ¿Está/s usted/tú seguro? ¿Lo ha(s) mirado bien? ¿Se/te ha(s) asegurado bien? ¿De verdad? ¿Cree(s)/usted/tú que es cierto lo que dice?	¡Si! ¡Sí, claro! ¡Por supuesto! ¡Seguro! ¡Segurísimo! Estoy completamente seguro.	No (lo) sé. Quizá. Tal vez. No lo sé seguro. No sé si +Indicat. No estoy demasiado seguro.

SITUACIÓN: A Susane le han robado en el Parque del Retiro y ahora está en la comisaría.

1. Lee:

- **Policía:** ¡Buenas tardes!
- ▲ **Susane:** ¡Hola, buenas tardes!
- **Policía:** ¿Qué le *ha pasado*?
- ▲ **Susane:** Me *han robado* el bolso con todas las tarjetas, dinero y las llaves de casa en el Parque del Retiro?
- **Policía:** *¿Cómo fue todo*?

▲ **Susane:** Estaba sentada en los escalones que hay al lado del lago y vino un hombre para preguntarme una dirección. ***Estoy completamente segura*** de que fue él.

● **Policía:** *¿Está usted segura?*

▲ **Susane:** *¡Segurísima!* A partir de ese momento es cuando empecé a echar de menos el bolso. Estoy muy preocupada por las llaves y las tarjetas.

● **Policía:** Siéntese para tomarle todos sus datos.

2. A continuación tienes cuatro situaciones diferentes. Primero léelas y en parejas haced diálogos siguiendo las pautas del cuadro.

SITUACIÓN 1: Vas por la calle y ves a tu amigo muy contento porque ha ganado un viaje a Brasil.

SITUACIÓN 2: En la estación de tren te encuentras con una persona que ha perdido el tren y está muy preocupada.

SITUACIÓN 3: Te encuentras con un accidente de coche y te acercas para averiguar lo sucedido.

SITUACIÓN 4: Tu marido / mujer te cuenta que os ha tocado el gordo de la lotería.

- preguntas lo sucedido, le cuentas lo que ha pasado
- manifiestas curiosidad y le preguntas si está seguro/a
- te dice que sí, que está seguro/a
- ...

3. En parejas, representad la siguiente situación.

SITUACIÓN A

Eres una chica/o que preguntas a tu amiga/o qué ha pasado para tener esa cara de satisfacción. Manifiestas curiosidad por el tema

SITUACIÓN B

Eres la/el amiga/o que saliste con esa/e compañera/o de estudios que tanto te gustaba y que te parecía imposible conseguir. Dices que estás segura/o de que te has enamorado de ella / él

26

FUNCIONES COMUNICATIVAS: Preguntar a alguien si recuerda algo. Ganar tiempo para pensar. Recordar algo.
LÉXICO: Referente a relaciones personales.
CONTENIDOS GRAMATICALES: Recordar/Acordarse" / Interjección "pues" / Contraste de pasados.

PREGUNTAR A ALGUIEN SI RECUERDA ALGO	RECORDAR ALGO	GANAR TIEMPO PARA PENSAR
¿Recuerdas (...)?	Me acuerdo de (...)	Bien, (...)
¿Te acuerdas de (...), ¿verdad?	Recuerdo (...)	Pues, (...)
¿No recuerdas (...)?	¡Ya me acuerdo!	Hum, hum (...)
¿Por casualidad te acuerdas de (...)?	¡Claro que me acuerdo!	A ver (...)
Seguro que recuerdas (...)	¡Ya lo tengo!	Un momento (...)
¿Has olvidado que + Indic.?	Si mal no recuerdo (...)	Hombre, pues (...)

SITUACIÓN: "El reencuentro".

- ◆ **Jacques:** ¡Hola!
- ▲ **Elizabeth:** ¡Ho...! ¡Hola!
- ◆ **Jacques:** ¿Eres... Elizabeth?
- ▲ **Elizabeth:** Sí.
- ◆ **Jacques:** *Te acuerdas* de mí, ¿verdad?
- ▲ **Elizabeth:** *Pues... a ver... ¡Ya me acuerdo!* Tú... te llamabas Jacques ¿verdad?
- ◆ **Jacques:** Sí, sí. Estudiamos juntos 1º de carrera.
- ▲ **Elizabeth:** *¡Claro que me acuerdo! Recuerdo* también que salías con una amiga mía que se llamaba Christine. ¿Qué tal está?
- ◆ **Jacques:** Pues,... ya lo hemos dejado y tú, *si mal no recuerdo,* salías con un compañero que se llamaba, Frank.
- ▲ **Elizabeth:** Sí, pero también hemos reñido.

2. Por parejas. Representa con tu compañero la siguiente situación.

SITUACIÓN: Un antiguo compañero de colegio y tú asistís a una conferencia.

ALUMNO A

1º: Saludas a un antiguo compañero del colegio, pero él no parece reconocerte.

2º: Le cuentas algunas anécdotas hasta que por fin recuerda quién eres.

3º: Charláis un rato de vuestros recuerdos.

ALUMNO B

1º: Te encuentras con un antiguo compañero del colegio a quien no reconoces al principio.

2º: Tu compañero te cuenta algunas anécdotas y tras ganar tiempo para pensar recuerdas quién es.

3º: Recordáis algunas anécdotas de vuestra época de estudiantes.

---

3. Mira las fotos que tu profesor ha traído a clase. Elige una, pero no la cojas. Escribe en diez líneas los recuerdos y anécdotas que te inspira. El profesor lee todos los textos. Luego los estudiantes deben adivinar con qué foto se relaciona el texto y a quién pertenece.

Recuerdo _____

_____

_____

_____

Ahora con tu compañero comparte la foto que has elegido y viceversa. Tenéis que ser muy imaginativos para intentar construir diálogos en los que incluyáis:

- Preguntas sobre recuerdos del pasado.
- Expresiones para ganar tiempo.
- Recuerdos del pasado.

FUNCIONES COMUNICATIVAS: Expresar posibilidad o probabilidad. Esperar que ocurra algo.

LÉXICO: Referente al trabajo, estudios,...

CONTENIDOS GRAMATICALES: Futuro de probabilidad. Oraciones indepentientes+Presente de Subjuntivo.

EXPRESAR POSIBILIDAD O PROBABILIDAD	ESPERAR QUE OCURRA ALGO
Seguro que+(Ind.)	Espero +(Inf.)
Quizá(s) +(Ind./Subj.)	Eso espero.
Tal vez + (Ind./Subj.)	Ojalá + (Subj.)
Posiblemente+(Ind./Subj.)	Espero que + (Subj.)
Es probable que+(Subj.)	Deseo que + (Subj.)
A lo mejor + (Ind.)	Ya verá(s) como + (Ind.)

SITUACIÓN: En la escuela hablando de futuros proyectos profesionales.

1. Lee:

◆ **Steven:** Y tú, ¿por qué estudias español?

▲ **Liliane:** *Quizá* porque soy de Sudamérica y en el futuro espero poder utilizarlo en mi trabajo. ¿Y tú?

◆ **Steven:** *Probablemente* estudiaré turismo y por eso estoy apren-diéndolo.

▲ **Liliane:** Por cierto, ¿vas a presentarte a los exámenes oficiales de español?

◆ **Steven:** *A lo mejor* me presento en la próxima convocatoria, pero seguro que intentaré hacerlo antes de un año. ¿Y tú?

▲ **Liliane:** Pues yo, *posiblemente* me presente en la convocatoria de mayo. *Espero aprobarlos.*

◆ **Steven:** Seguro que sí.

▲ **Liliane:** *Ojalá. Eso espero.*

2. Completa las siguientes frases.

Respecto a mi vida dentro de 5 años ...

(AMOR)

1. Probablemente _____

(SALUD)

2. Seguro que _____

(AMISTAD)

3. Quizá _____

(VIAJES)

4. A lo mejor _____

(TRABAJO)

5. Espero (que) _____

(DINERO)

6. Ojalá _____

3. En parejas. Contestad a estas preguntas sobre algunas costumbres y aspectos profesionales del año 2112. Usad expresiones de probabilidad o de expectativas y deseos futuros.

Ejemplo: *¿En el año 2112 la gente irá a trabajar en coches voladores?*

● *Ojalá vayamos así a trabajar. Me encanta volar.*

▲ *Yo no creo que cojamos un coche volador para ir al trabajo. Será carísimo.*

> ### EN EL AÑO 2.112...
>
> ¿La gente irá a trabajar en coches voladores?
> ¿Se hablará una lengua común a todos los habitantes del planeta?
> ¿En las oficinas hablarán por teléfono móvil?
> ¿Desaparecerá la publicidad?
> ¿Se leerán libros en papel?
> ¿Se enviarán cartas comerciales?
> ¿Se trabajará en casa?
> ¿Se usará el bolígrafo? ¿Y el lápiz? ¿Y la goma?
> ¿La gente irá a reuniones de trabajo a la oficina?
> ¿Se trabajará en equipo?
> ¿La gente tendrá mejores condiciones laborales?
> ¿Se trabajarán menos horas?
> ¿Se viajará mucho por motivos profesionales?

FUNCIÓN COMUNICATIVA: Solicitar algo de alguien.

LÉXICO: Referente a compras en una tienda de fotografía.

CONTENIDO GRAMATICAL: Condicional de cortesía.

SOLICITAR ALGO DE ALGUIEN

¿Puede(s) +(inf.)?

Te/Le pido ....

¿Te/Le importaria+(inf.)?

¿Podría(s) + (inf.)?

¿No te/le molestaría+(inf.)?

Te/le pido que +(Subj.)

SITUACIÓN: En la tienda de fotos.

1. Lee:

- ◆ **Dependiente:** Buenos días, ¿qué quería?
- ▲ **Douglas:** Buenos días, ¿tienen carretes en color de 36 fotos?
- ◆ **Dependiente:** Sí. ¿Cuántos quiere?
- ▲ **Douglas:** Uno, uno.
- ◆ **Dependiente:** Aquí tiene.
- ▲ **Douglas:** ¿*Podrían* revelarme también estos dos carretes de fotos?
- ◆ **Dependiente:** Desde luego. ¿Brillo o mate?
- ▲ **Douglas:** Mate, mate. ¡Ah! ¿*Le importaría* decirme cuánto va a costarme el revelado de cada foto?
- ◆ **Dependiente:** 0,18 euros.

2. A continuación tienes dos fórmulas de cortesía: una más informal (Podría/s/...) y otra más formal (Te/Le importaría...). Elige la adecuada en cada caso.

1. ¿_____ (tú) posar como modelo para nuestra revista? (Eres un diseñador amigo de la modelo)

2. ¿_____ (usted) sacarnos una foto? (Solicitas el favor a un desconocido)

3. ¿_____ (ellos) comprarme una cámara barata en Japón?
(Solicitas el favor a unos amigos comunes)

4. ¿_____ (nosotros) entrar en el laboratorio fotográfico? (Estás hablando con unos amigos)

5. ¿_____ (él) rebobinarme el carrete? (Solicitas el favor al dependiente de la tienda de fotografías)

6. ¿_____ (ti) llevar a revelarme el carrete?(Hablas con tu hermana)

7. ¿_____ (tú) comprar el marco de fotografías?(Pides un favor a tu madre)

8. ¿_____ (usted) decirme cómo se enfoca? (Estás hablando con un fotógrafo profesional)

9. ¿_____ (vosotros) explicarnos cómo hay que calcular bien la distancia? (Habláis con los dependientes de la tienda de fotografías)

3. En parejas. Debes solicitar a tu compañero que realice alguna de estas acciones para ti. Intenta a veces ser todavía más amable usando la estructura "Te importaría".

Podéis ampliar las conversaciones y después representarlas delante de toda la clase.

Ejemplo: *SITUACIÓN: - Necesitas llevar un carrete de fotos a revelar.*

A. *¿Te importaría llevar este carrete de fotos a revelar?*

B. *Si no está lejos la tienda, vale.*

1. Quieres recoger un vestido en la tintorería, pero no tienes suficiente tiempo para ir. Pides a la señora de la casa que vaya si no tiene ningún inconveniente.

2. Quieres comprar algo muy típico de España. Pides a tu profesor que te dé ideas.

3. Pides a un peatón que te explique cómo ir al museo.

4. Necesitas una barra de pan, pero no puedes ir a comprarla porque estás preparando la comida.

FUNCIÓN COMUNICATIVA: Transmitir lo que ha dicho otro.

LÉXICO: Referente a medios de comunicación, mensajes, notas...

ESTRUCTURA GRAMATICAL: Estilo Indirecto (Presente).

TRANSMITIR LO QUE HA DICHO OTRO
Dice que (...)
Me ha dicho que (...)
Me dijo: "...
Nos ha comentado que (...)
Me ha explicado que (...)
Nos ha contado que (...)

SITUACIÓN: En la redacción del periódico a las 2 de la madrugada

1. Lee los siguientes teletipos que llegan a la redacción del periódico.

"Avión presidencial Canadá/ tiene prevista/ llegada 10:40."

"Telescopio espacial Hubble/ ha fotografiado/ 1:00 am/ nacimiento nueva galaxia."

"Cena gala/ celebrada/ Palacio Real hasta 12:00/ SS.MM. Reyes España/ recibieron/ totalidad cuerpo diplomático."

"Pasado mañana/ homenaje/ veterano actor Santiago Alonso/ Teatro Calderón de la Barca."

João es un estudiante brasileño de periodismo. Ahora está en prácticas en un periódico y ha redactado los teletipos que acaban de llegar a la redacción.

- ◆ **João:** ¿Crees que están bien así?
- ▲ **Redactor:** A ver... Voy a leerlos.

  El primero dice que el avión presidencial tiene prevista su llegada a las 10 de la mañana. ¡Muy bien!

El segundo explica que _____

El tercero _____

_____

El cuarto _____

_____

_____

El quinto _____

_____

João lo has hecho genial. Voy a tener que hablar con el redactor jefe para ofrecerte un contrato mejor...

2. Aquí tienes algunos mensajes que han dejado familiares y amigos en el contestador automático. ¿Puedes expresar por escrito qué dicen?

"¡Hola! Soy Nacho.

Luego voy a pasar por tu casa para recoger los discos.

¡Hasta lueguito!"

Nacho dice que _____

_____

_____

_____

"¡Buenos días! Llamo del banco AIP. Hemos recibido el documento del notario. Puede venir a recogerlo."

El del banco _____

_____

_____

_____

> "¡Hola, guapísima!
> Nunca estás ¿Nos veremos este
> fin de semana? Eso espero."
> Un beso.

Un amigo _____

_____

_____

_____

> "Hija, ayer olvidé mis gafas en
> casa. ¿Están ahí? Te volveré a
> llamar más tarde"

Tu madre _____

_____

_____

3. En grupos. Técnica del rumor.

La clase se divide en dos equipos. El profesor escribe en tarjetas frases
en estilo directo. Después las lee y se las dice al oído a cada represen-
tante de cada grupo que a su vez la transmitirá a otro miembro del grupo
y éste a su vez al siguiente y así sucesivamente. Al final el último miembro al que se le ha transmitido la noticia debe escribirla exactamente en
la pizarra en estilo indirecto. (La pizarra está dividida en dos partes para
que se escriban las frases del equipo A y del equipo B). Gana el grupo
que mejor ha escrito las frases en estilo indirecto y que ha tardado menos
tiempo.

FUNCIÓN COMUNICATIVA: Prometer o jurar algo.

LÉXICO: Referente a relaciones personales (novios, padre-hijo, etc.).

CONTENIDO GRAMATICAL: Oraciones subordinadas temporales.

PROMETER O JURAR ALGO

Te / Le prometo + Infinitivo

Te / Le prometo que + indicativo

Te / Le juro que + indicativo

¡Prometido!

Te / Le aseguro que + indicativo

Te / Le doy mi palabra.

SITUACIÓN: Larry se despide de su novia española.

1. Lee:

◆ **Novia:** Giulliano, cuando llegues a Brasil , me llamarás ¿no?

▲ **Giulliano:** *Te prometo que* te llamaré en cuanto llegue.

◆ **Novia:** *Yo te aseguro que* te escribiré una carta todos los días y además cuando tenga vacaciones iré a verte.

▲ **Giulliano:** ¡Qué bien! Estaré contando los días hasta que llegue ese momento.

◆ **Novia:** *Tienes que prometerme que* no estarás triste y que sólo pensarás en lo pronto que nos veremos. ¡Vale!

▲ **Giulliano:** *¡Prometido!* Hasta pronto. Te quiero mucho.

2. ¿Qué promesas harán estas personas en las siguientes situaciones?

SITUACIÓN 1 (Padre e hijo)

Hijo: Papá, quiero que me compres una moto.

Padre: Te prometo que cuando...

SITUACIÓN 2 (Novio y novia)

Novia: ¿De verdad me quieres?

Novio: Te juro que...

SITUACIÓN 3 (Jefe y empleado)

Jefe: ¿Cuándo me vas a entregar el informe?

Empleado: En cuanto consiga los dos datos que me faltan...

SITUACIÓN 4 (Policía y ladrón)

Policía: ¿Robaste tú las joyas?

Ladrón: Le juro que...

3. Representa con tu compañero la siguiente situación:

> A: El mes pasado dejaste a tu pareja porque no te querías comprometer. Te has pasado un mes saliendo por las noches buscando a tu media naranja, pero no la has encontrado porque te has dado cuenta de que ya la tenías. Quieres reconciliarte y para ello vas a tener que hacer muchas promesas para atraer de nuevo a tu pareja.

> B: Eres la anterior pareja de A. Tu novio/a quiere reconciliarse contigo y tú te resistes a volver. Necesitas escuchar promesas convincentes por parte de tu ex.

FUNCIÓN COMUNICATIVA: Decir a alguien que no haga algo.

LÉXICO: Lugares públicos en la ciudad.

CONTENIDO GRAMATICAL: No + presente de subjuntivo.

DECIR A ALGUIEN QUE NO HAGA ALGO

¡No + presente de subjuntivo...!

Por favor, no + presente de subj.

¡Basta!

Te / Le ordeno que no + presente de subj.

Te / Le mando que no + presente de subj.

Te / Le digo que no + presente de subj.

SITUACIÓN: Dos amigos en la playa.

1. Lee:

◆ **Paolo:** ¡Qué bien se está aquí sin dar explicaciones a nadie de lo que haces!

▲ **Giani:** Tienes razón. Sin normas familiares, sin tener que escuchar a tus padres decir siempre lo mismo: *¡No fumes!*, *¡No bebas!*, *¡No llegues a las tantas!*, *¡No conduzcas deprisa!*, *¡No te levantes tarde!*

◆ **Paolo:** ¡Bah!, eso no es nada. Los míos además se pasan el día diciéndome: *¡No dejes la habitación desordenada!*, *¡No pongas la música tan alta!*, *¡No hables tanto por teléfono!*, *¡No me contestes!* En fin, sólo les falta decirme *¡No respires!*

▲ **Giani:** ¡Basta! *¡No sigas!* Vamos a tomar algo y disfrutemos de la libertad.

2. Eres un psicólogo famoso, conocido por tu habilidad para ayudar a la gente a solucionar sus problemas. Has recibido numerosas cartas hoy pidiendo ayuda con varias situaciones.

Lee las siguientes cartas y da respuesta a cada una de ellas. Usa el imperativo negativo. Cuando termines, compara con tus compañeros de clase los resultados.

P: Conocí a mi novia hace un año y pensamos casarnos. Hace poco ella ascendió en el trabajo y ahora gana más que yo. Soy un buen mecánico y me encanta mi trabajo, pero me incomoda que ella gane más.
(José de Valencia)

P: Soy una chica de 18 años que tiene problemas de obesidad. No quiero salir a la calle porque los chicos de mi edad se ríen de mí cuando me ven.
(Carmen de Soria)

P: Todos los años dejo de fumar durante 15 ó 20 días pero luego vuelvo a recaer.
(Ricardo de Madrid)

P: Mi novia y yo pensamos casarnos pero no me llevo bien con sus padres. ¿Cómo puedo mejorar la situación?
(José Manuel de Málaga)

3. A vuestro amigo le han despedido del trabajo por cometer algunos errores.

En grupos escribid el decálogo del "buen empleado"

Ejemplo: *"No pidas aumento de sueldo en el momento inapropiado".*

1. _____

2. _____

3. _____

4. _____

5. _____

6. _____

7. _____

8. _____

9. _____

10. _____

FUNCIÓN COMUNICATIVA: Pedir la opinión de alguien. Dar la opinión. Expresar interés o entusiasmo.

LÉXICO: Referente a acciones habituales y costumbres.

CONTENIDOS GRAMATICALES: Presente. SE+ 3ª persona del singular. SE (pasiva refleja). Opinión + Ind./Subj.

PEDIR LA OPINIÓN	DAR LA OPINIÓN.
¿Qué opina(s)?	(NO) creo que + Ind./(Subj.)
¿Qué piensa(s) de(...)?	(NO) opino que+ Ind./(Subj.)
¿Qué cree(s) de(...)?	(NO)pienso que+ Ind./(Subj.)
¿Y a ti/Vd. qué te/le parece?	(NO) me parece que + Ind./(Subj.)
¿Cuál es tu/su punto de vista sobre (...)?	Mi punto de vista es que (...)
Dime lo que piensas / Dígame lo que piensa (acerca) de (...)	Para mí, (...)

SITUACIÓN: En clase opinando sobre algunas costumbres españolas.

1. Lee:

- ◆ **Taziana:** ¡Qué costumbres tan diferentes tienen en España! **¿Qué opináis?**

- ● **Jan:** *A mí me parece* que los horarios de las comidas no son nada lógicos. Se desayuna café con leche con unas tristes galletas, luego se come fuerte hacia las 2 de la tarde y se vuelve a las 5 al trabajo, y por la noche se cena hacia las 10.

- ▲ **Mihoko: Yo creo,** además que se acuestan demasiado tarde. La señora de mi casa se va a dormir a las 12 o la 1.

- ◆ **Taziana:** Y, ¿qué pensáis de la siesta? En mi casa después de comer duerme todo el mundo.

- ● **Jan:** Pues, yo pienso que es bueno echarla porque se repara el cuerpo humano y luego es más fácil trabajar bien hasta tarde. Lo dicen muchos médicos.

- ▲ **Mihoko:** ¡Qué interesante! Es una gran idea. Me gustan las siestas cortas, de 20 ó 30 minutos. *Pero no creo que* se pongan nunca de moda en mi país.

- ● **Jan:** Son estupendas. Sobre todo echarlas en el sofá mientras se escuchan las noticias de la tele...

2. ¿Cuál es tu opinión sobre las costumbres españolas? Márcala con una cruz.

EN ESPAÑA...	Yo creo que esto es así	Yo no creo que esto sea así
Se desayuna en el bar con los compañeros de trabajo.		
Se suele beber un vaso de vino durante las comidas.		
Se fuma poco.		
Se sale poco de marcha por las noches durante los fines de semana.		
Muchos jóvenes españoles se independizan de sus padres hacia los treinta años.		
Un amigo cuando saluda a una amiga le da la mano.		
Cuando se va a cenar a casa de un amigo se lleva vino, un postre, algo para picar...		
No se cocina con aceite.		

3. ¿Y tú qué crees de las costumbres españolas? Díselo a tu compañero. Puedes comparar también estas costumbres con las de tu país.

A: ▲ ¿Y tú qué opinas de los horarios de las tiendas españolas?

B: ● Yo no creo que sean cómodos porque a mediodía están cerradas. En mi país permanecen abiertas durante todo el día.

> ● Los horarios de comidas, oficinas...
> ● Los saludos, las despedidas...
> ● La forma de trabajar, hacer negocios...
> ● Las comidas, la dieta mediterránea...
> ● La vida nocturna, las celebraciones...
> ● El tráfico, la forma de conducir...
>   ...

FUNCIONES COMUNICATIVAS: Pedir consejo o una sugerencia a alguien. Aconsejar a alguien algo. Aconsejar a alguien que no haga algo.

LÉXICO: Referente a viajes.

CONTENIDOS GRAMATICALES: Subordinadas sustantivas: verbos de consejo + subj. Verbos de opinión + ind. No + verbos de opinión + subj.

PEDIR CONSEJO O UNA SUGERENCIA A ALGUIEN	ACONSEJAR A ALGUIEN ALGO	ACONSEJAR A ALGUIEN QUE NO HAGA ALGO
¿Qué me aconseja(s)?	Creo que + Indicativo	Creo que no + Indicativo
¿Puede(s) aconsejarme?	Pienso que + Indicativo	Pienso que no + Indicativo
Dame / Deme un consejo	Opino que + Indicativo	Opino que no + Indicativo
Para + Infinitivo, ¿qué debo hacer?	Te/Le recomiendo que + Subj.	Te/Le recomiendo que no + Subjuntivo
¿Qué me recomienda(s)?	Te/Le aconsejo que + Subj.	No debe(s) + Infinitivo
¿Vd./Tú cree(s) que + Indi.?	Debe(s) + Infinitivo	No creo que + Subjuntivo
¿Me sugiere(s) que + Subj.?	Lo mejor será que + Subj.	No debería(s) + Infinitivo

SITUACIÓN: Una pareja de novios está en una agencia de viajes para solicitar un viaje de luna de miel.

1. Lee:

- ◆ **Agente:** ¡Hola! Buenas tardes. ¿Les puedo ayudar en algo?

- ▲ **Clientes:** Buenas tardes. Nos casamos en Junio y estamos buscando un viaje para nuestra luna de miel. *¿Puede aconsejarnos?*

- ◆ **Agente:** Por supuesto. *Les aconsejo que vayan* a Thailandia y Bali porque ahora tenemos una oferta muy buena.

- ▲ **Clientes:** Muy bien. ¿Nos puede informar sobre el itinerario y precios?

- ◆ **Agente:** Sí claro. Hay dos itinerarios, éste es de una semana y este otro de dos, pero *les recomiendo que* elijan el de dos semanas porque es un viaje muy largo.

- ▲ **Clientes:** Sí, *pensamos que* es mejor ir dos semanas porque tenemos quince días de vacaciones. *Para hacer la reserva, ¿qué debemos hacer?*

- ◆ **Agente:** Deben dejar el 25% del importe total.

▲ **Clientes:** *¿Cree usted que* debemos vacunarnos?

♦ **Agente:** *Pienso que* no, pero *lo mejor será* que vayan a sanidad y allí les informarán. Bueno, cuando tenga la confirmación de la reserva les llamaré.

▲ **Clientes:** Gracias. Hasta pronto.

2. Ana va a ir de viaje a la India y está en el departamento de información de sanidad. Piensa que eres la enfermera y vas a darle consejos usando la información que tienes en el cuadro.

✔ Tomar en exceso el sol	✔ Beber agua sin embotellar
✔ Comprar repelente de insectos	✔ Comer frutas peladas
✔ Vacunarse contra el tifus	✔ Lavarse las manos frecuentemente
✔ Llevarse medicinas de uso más frecuente	✔ Ser necesario vacunarse contra el cólera

1. Le aconsejo que _____

2. No pienso que _____

3. Le sugiero que _____

4. No debería _____

5. No le recomiendo que _____

6. No debe _____

7. Debería _____

8. Mi consejo es que _____

3. En grupo. Se divide la clase en dos equipos. Todos los participantes llevan una tarjeta con un problema en la espalda. Un miembro de uno de los equipos leerá el problema de uno de los miembros del equipo contrario y tendrá que darle consejos para solucionarlo. Éste tendrá que adivinar cuál era su problema.

Me han ofrecido un trabajo en Barcelona pero me acabo de comprar un piso en Madrid.	He encontrado en la calle un maletín lleno de joyas.
He conocido a un chico 20 años menor que yo y quiere que nos casemos.	Estoy enamorado/a de dos personas a la vez.
Mi padre quiere que estudie la carrera de ingeniería pero yo quiero ser actor.	Unos amigos me han dejado el perro para cuidárselo y se me ha escapado.

FUNCIONES COMUNICATIVAS: Proponer un plan. Aceptar un plan. Rehusar un plan.
LÉXICO: Referente a espectáculos.
CONTENIDOS GRAMATICALES: Oraciones sustantivas personales: verbos de influencia.

PROPONER UN PLAN	ACEPTAR UN PLAN	RECHAZAR UN PLAN
¿Quiere(s)?	Sí.	No.
¿Vamos a (...)?	Vale.	No, prefiero(...)
Sugiero que + subjuntivo	Bueno.	Lo siento, pero es que(...)
Propongo que + subjuntivo	¡Qué buena idea!	No me apetece.
Tengo una idea: (...)	¡Estupendo!	No tengo tiempo.
He planeado (...)	Me parece bien.	Perdona / perdone, pero me es imposible.
¿No te/le gustaría (...)?	De acuerdo vayamos a (...)	No tengo ganas.

SITUACIÓN: Un grupo de amigos propone planes para el fin de semana.

1. Lee:

- ◆ **Alexandre:** ¡Hola chicos! ¿Por qué no decidimos qué vamos a hacer este fin de semana?
- ▲ **Liliana:** Vale. *Voy a haceros una propuesta. ¿No os gustaría* ir de excursión a Salamanca el sábado?
- ● **Jessica:** *Me parece una idea estupenda,* pero sugiero que reservemos habitaciones en un hotel porque suele haber muchos problemas los fines de semana. Mateo, *¿quieres* venir?
- ▼ **Mateo:** *Lo siento, pero es que no tengo ganas* de ir de viaje .
- ◆ **Alexandre:** *Bueno,* entonces... ¿vas a proponer algo?
- ▼ **Mateo:** Sí. *He planeado* ir al Teatro Calderón para ver la ópera Carmen porque el domingo es el último día.
- ● **Jessica:** *¡Qué buena idea!* Me encanta la ópera.
- ▲ **Liliana :** *Me parece bien.* ¿Y a ti?
- ◆ **Alexandre:** *De acuerdo, vayamos* a la ópera.

2. Ordena el siguiente diálogo para que tenga sentido:

· Sí, sí, me apetece.

· Tengo una idea:

· No, no puedo. Tengo muchas cosas que hacer.

· ¿Por qué no vamos a patinar esta tarde?

· Vale, vamos a cenar, pero ¿te apetece ver una película después?

· ¿Y, no te gustaría ir a cenar conmigo esta noche?

· De acuerdo, vayamos a verla.

· Sugiero que vayamos a ver "La niña de tus ojos".

3. Tu amigo y tú vais a ir al fútbol el domingo. Haz el diálogo de acuerdo con las propuestas.

A: (haz la propuesta de ir al fútbol)

B: (te parece bien)

A: (sugiere ir a comprar las entradas juntos)

B: (no puede porque tiene mucho trabajo)

A: (acepta comprar tú solo las entradas y propón comprarlas en tribuna)

B: (di que no puedes y prefieres la grada)

A: (estás de acuerdo y le llamarás cuando las tengas)

FUNCIONES COMUNICATIVAS: Quejarse de algo a alguien. Expresar impaciencia por algo.

LÉXICO: Referente a viajes (aeropuerto, hotel...) y reparaciones de objetos (el teléfono, el coche...).

CONTENIDOS GRAMATICALES: Imperfecto de cortesía. Presente de subjuntivo.

QUEJARSE DE ALGO A ALGUIEN	EXPRESAR IMPACIENCIA POR ALGO
Me quejo de (+inf.)	¡Qué nervioso estoy!
¡Qué barbaridad!	No puedo esperar más
No puede ser que (+subj.)	Este (...) no llega nunca
¡Esto es el colmo!	¡No aguanto más!
Ya estoy harto de (+inf.)	Ya estoy hasta las narices
¿Cómo es posible que + (Sub)?	Estoy perdiendo la paciencia

SITUACIÓN: En el aeropuerto.

◆ **Azafata de tierra:** ¡Buenos días! ¿Qué querían?

▲ **Sarah:** ¡Buenos días! Veníamos a facturar nuestras maletas.

◆ **Azafata de tierra:** De acuerdo. Denme sus billetes... Siento tener que comunicarles que su avión saldrá con 1 hora de retraso.

● **Pierre:** *No puede ser que salga* con retraso. Esta compañía aérea es una de las mejores del mundo.

◆ **Azafata de tierra:** Lo siento, pero hoy hay una huelga de controladores aéreos.

(...1 hora más tarde)

▲ **Sarah:** *¡Ya estoy hasta las narices! No puedo esperar más.*

● **Pierre:** Yo tampoco. *Estoy perdiendo la paciencia.* Voy a preguntar qué pasa en el mostrador de información.

(...)

● **Pierre:** *¿Cómo es posible que no aparezca* anunciada la salida de nuestro avión en el panel de vuelos?

◆ **Azafata de tierra:** ¿Puede decirme su número de vuelo?

- **Pierre:** El 212.
- **Azafata de tierra:** Lo siento, pero su vuelo todavía no tiene confirmada la hora de salida.
- **Pierre:** *¡Esto es el colmo! Ya estoy harto* de esperar. Quiero que me devuelvan el dinero.

2. Por fin vuestro avión despegó y ahora estáis en un hotel de 5 estrellas, pero aquí las cosas no funcionan nada bien. ¿Cómo reaccionáis?

Para ello por parejas vais a jugar al "tres en raya". Cada alumno elige un problema y formula una nueva frase que contenga o una queja o una expresión de impaciencia. Si es correcta la frase, pon tu nombre en esa casilla. Gana el que tiene tres casillas en raya. (Recuerda que es obligatorio elegir cada vez una expresión diferente para reaccionar)

No hay agua caliente	El teléfono no da línea	El aire acondicionado está estropeado
La playa está a 2 km.	Las habitaciones no dan al mar	Hay una discoteca debajo de tu habitación
En la habitación no hay toallas	El ascensor no funciona	La cama está rota
El edificio está en obras y hacen ruido	El servicio de habitaciones es lentísimo	Para almorzar y cenar ofrecen el mismo "buffet"

3. Por parejas reaccionad con quejas o impaciencia ante las siguientes situaciones.

Ejemplo:

▲ *He resevado una mesa a nombre de Íñigo.*

● *Lo siento, pero no figura su nombre en la lista.*

▲ *He llamado esta mañana, ¿cómo es posible que no me hayan apuntado?*

    ...

1. Tu coche tenía que estar arreglado para hoy. El problema es que mañana tienes que ir de viaje. Discutes con el mecánico.

2. En tu oficina siempre eres tú quien ordena los archivos. Discutes con tu colega.

3. Tú eres la única persona que hace las tareas de limpieza en casa. Hablas del tema con tu compañero de piso.

4. Tu teléfono no funciona. Ya has avisado a averías, pero nadie viene a repararlo. Te quejas ante un empleado de tu compañía de teléfonos.